看得懂的经济内幕

中国十年经济热点大反思

辛华豪◎著

中国社会出版社
国家一级出版社 ★全国百佳图书出版单位

序　言

一直以来很想写一本关于产业经济发展误区方面的书。近年来，针对经济分析的书籍越来越多，有些是针对宏观经济大局作出一些有理据的分析和判断，有些是根据自己在企业中的生存之道总结出的经验之谈。不过结合经济发展并列举产业、行业、企业的案例来进行分析的书并不多见。然而，在各行各业中对于这种微观结合宏观作系统性分析的需求还是非常大的。所以就有了结合经济研究来阐述观点的想法。

当我们在看待经济问题的时候，其实是无法把宏观与微观分析真正分开的。因为宏观经济离不开各个产业发展的支持，而产业发展又是由每一个独立的企业个体所组成的。一个大的健康的产业系统平台才能造就好的企业，只有当大部分企业都以一种良性健康的状态发展的时候，整个产业系统才会发展得好，由于产业链条在现代经济中起着重要作用，产业与产业之间的发展往往又是息息相关的。有时候，一个产业出了问题，往往就会影响到很多相关产业的发展。

古语说：失败是成功之母。其实这句话并不能单纯地理解为失败是成功的母亲，而是当别人出现了问题和失误的时候，能不能引以为鉴，从中发现失误的原因，并调整自己企业的发展方向，这才是失败乃成功之母的真正意义。所以失败不是一败涂地才让自己学到东西，而是透过发现问题的实质让自己得到成长。这就是本人想写这本书的最根本原因。

中国改革开放三十多年来，发展速度为世界瞩目，面对着丰硕的经济成果和日新月异的生活，思想开阔了，理想也更加远大了。但我们的经济真的会永远这么快速发展下去吗？虽然经济发展非常迅速，不管哪个经济强国都得承认中国的经济实力，但是任何经济体都不可能永远健康、快速地发展下去，其中必然会出现一些问题，一些误区。

近十年来，我们对外开放的步伐越来越快，同时，我们面对的机遇和挑战也胜过任何历史时期。这个时候，能够认清产业发展的误区非常重要。我们在经济发展中所暴露出的问题越来越多，如果不能认清这些问题真正的根源以及为什么会出现问题，那么很可能将疥癣之疾变成心腹大患。对于出现的问题，很多人讳疾忌医、掩耳盗铃，总喜欢把太平盛世挂在嘴边。不说不代表不存在，既然存在，就不但要找出来，还要研究到底是哪个环节出了毛病，并用行之有效的办法去处理。

本书以这十年当中所发生的经济问题进行案例分析。这十年中到底是什么原因造成了各个产业所面临的危机呢？在应对这些挑战的时候，我们的产业、经济体以及政策方面又陷入了哪些误区呢？你会发现，原来我们所看到的、听到的一些国际国内经济方面的信息，并不像我们想象得那样简单，在表面风光的背后，可能潜藏着暗流。

从目前来看，经济问题分为外因和内因两大方面。外因是欧美等先进国家对我国的经济谋略。在资本运作方面，欧美等国起步较早，所以逐步形成了一套以市场经济为主导、以公平公正为核心较为成熟的经济模式，我国的经济发展虽然迅速，但毕竟历史积淀不够、经验不足，难免在国际游戏规则博弈中吃亏。

欧美等国家的企业一般都实力雄厚，他们不但在传统产业中与我们竞争，而且可以透过金融、科技信息、资源掠夺甚至“无间道”等无形手段实现其商业目的，获得市场的主动权。后果则是造成产业垄断、中小企业生存空间恶劣并受到排挤等问题。面临问题，我国也采取了很多应对的手段，有些能奏效，有些因为没有对症下药而未能达到预期的效果。毕竟，经济和产业发展的运作经验，我们与西方国家还是差了数百年。所以，如何能够在世界经济体系中占得一席之地并就此发展壮大，是我们必须面对的。

国内企业方面为了应对挑战，也作了很多尝试，并且希望与国际大财团合作共赢。但在合作过程中很多企业往往容易吃亏，并陷入发展误区。

我们发现，在应对经济日益复杂的今天，一些传统的思维定式不但帮不了企业，还有可能会让企业陷入危机。那些国际企业集团为了让自己的利益最大化，架空我们的企业，甚至是整个产业发展。本书将会以实际的案例来解析，到底我们有哪些失误，陷入了怎样的误区，在面对系统运作的时候，我们又出现了怎样的错误判断。我们又该以怎样的态度去面对挑战走出误区，这些都是非常值得思考和分析的问题。

与外来压力相比，内在问题其实更值得注意。其中包括产业垄断、恶意竞争、通货膨胀带来的负面效果、实体经济与投机产业的两极化发展、产品质量危机、企业诚信、民营企业生存困难还有房地产泡沫等诸多方面的问题。这些内因的出现，或因产业布局过程中违背了市场经济规律，或在恶性竞争的大环境下企业出现了短视、急功近利等问题。每个企业在面对这些问题的时候陷入的误区都有着一些必然的因素……

本书从一些企业的案例来分析整个相关产业目前所面临的问题和误区，再以产业所面临的问题折射出整个经济大环境中所面临的问题。透过这些案例，不仅可以对企业自身在经营过程中所犯的错误做到较为细致的了解，还能透过与产业经济发展中的问题相结合最终得出自己的判断，能够了解到在一些产业出现整体误区的状态下该如何调整企业战略，从而避免失误，降低企业风险，也就能针对整个大环境的变化调整好应对策略。

本书受众比较广泛，无论对企业管理者，还是对想了解经济走势的人，相信都会有所帮助。因为这并不是单纯的行业研究，而是透过案例的分析有针对性地把企业、行业、产业、经济、民生等方面相互链接起来。这样，就不会单纯分析企业或者经济，而是透过这些相互关联的比较得到更多的领悟。书中不会用生涩的专业用语，语言力求贴近大众。涉及企业策略、危机公关、商战总结、宏观经济判断、国际金融、垄断谋略、产业弊端等诸多方面，虽然知识涉及面较广，但绝不会有散而杂的感觉，因为每章的案例虽说是不同的经济事件，但出现的问题却有很多相似之处，这样集中分析会更加容易看到误区所在。

全书从立意到初稿完成约一年，案例以及数据的真实性均进行过缜密求证，力求将经济事件完整、立体地呈现出来，希望读者收获更多。

目　录

第一章　民营企业的蛋糕被谁抢走了

民营企业是改革开放以后逐步发展起来的生力军，民营企业在经济发展中的地位越来越重要。但是随着经济发展的不断深入，民营企业发展逐渐由盛转衰。且很多原来的制造型企业逐渐开始倒闭，有的转入投机，有的干脆去国外发展。到底是什么原因造成了民营企业的困局呢？又是什么让近些年来的民营企业出现倒闭潮呢？

第一节　民企的倒闭潮该怪谁

中国的民营企业，随着改革开放而不断地蓬勃发展。最开始，是以“个体户”形式发展的。由于改革开放初期，全国经济水平还不高，也刚刚从计划经济中开始转型，全国的物资非常缺乏，这也就给了民营企业大踏步地发展奠定了基础。

于是，以深圳特区为标杆，沿海一线逐步开始向外拓展商业圈发展起来，尤以浙商为代表的一批民营经济逐步形成了粗具规模的个体经营模式，以家庭作坊式制造业的出现，然后不断由南至北个体经销。

全国范围巨大的市场需求，让这一批个体经商者首先完成了原始积累。而以珠江三角洲为代表的民营经济也迸发出了巨大的爆发力，因港澳地区投资拉动，带动了这个地区以出口加工为主体的经济模式。这种模式不但带动了当地经济的发展，也成了后来全国各地方中小企业普遍发展模式的先驱。可是这种模式虽然帮助企业快速起步并完成创业阶段的任务，不过也逐步显现出其弊端。

加工型民营企业其实是有过辉煌时期的，特别是广东、浙江及周边地区，从古至今一直保持着对商业的灵敏感知力。浙江一直都是中国经济发展的中心地带之一，也是丝绸厂的重要集散地。到了明清时期已经成为全国重要的经济支柱。浙江的湖州商帮、宁波商帮、龙游商帮等闻名海内外。改革开放以后，浙商凭着其吃苦耐劳、头脑灵活、精明冷静以及敢想敢干的性格特点打出一片天地。以温州商人、义乌商人为代表，开始进行一些小商品的制造加工及销售。

随着时间的推移，浙商的利益如滚雪球般越滚越大，很多小商品如打火机、皮鞋、衣服、皮包等已经行销全球，甚至成为行业生产集散地。其生产规模和加工的商品档次也逐步升级，很多最先发展起来的企业成为世界知名品牌加工商，并形成了极具规模的企业发展形式。直到现在，义乌小商品市场也是世界最大的小商品集散地和交易中心。

粤商呢，也是名留青史。广东的十三行成为连接商品进出口的重要部门。其商业经营的手段也是自古驰名，因此与浙商同为五大商帮之一。现代粤商更是秉承其传统。由于其特殊的地理位置，在改革开放以后，让他们有机会首先接触到香港、新加坡等地的新技术、新机器和新模式。

粤商的敏锐触觉、勤劳刻苦、务实和低调的行事作风让他们迅速发展起来。广东商人也从原来的单纯做贸易和运输，发展成为吸引投资，自己建厂生产较高端产品，行销海内外。他们生产的产品不但品质有保证、物美价廉和生产速度快，更因为首先引进当时较高端的电子类产品，逐步把产品辐射到全国以及出口海外。

其中，东莞更是成为后来电子类商品的全球重要加工地，甚至曾经有种说法：东莞公路一堵车，世界的电子产品价格都要发生剧烈变动。广东最终形成以经济特区深圳为支点，招商引资辐射全省，紧接着扩散到沿海地区的模式，从而影响全国的经济发展。

但是随着整个世界经济格局的改变，国内逐步对小商品类等物资需求量接近饱和，加上因原料、人工和需求方挤压利润等因素，这种以小商品加工或者以来料加工为主体的劳动密集型产业的利润也在逐年降低。

2006年开始在珠江三角洲地区出现企业经营困难的现象。同时，温州等地商业也有资金抽离向投机性产业发展的现象。先是在2007年，资金陆续进入股市。股市低迷之后，房地产狂炒现象开始加速，紧接着开始炒作民生物资。“温州炒房团”似乎成了民企投机的代名词。

这时候偏偏雪上加霜，美国的次贷危机波及全球，原本利润微薄的加工型民营企业更加举步维艰。随着全球对于产品需求量的突然萎缩，订单大量减少，让很多企业紧绷的资金链条发生了断裂。于是，大量的民营企业开始出现倒闭潮。

2008年前三季度，仅广东一地被注销、吊销的企业就达到了6.2万余家。而被官方“肯定”的倒闭数据也达到了7000多家。从当时各方面反馈的消息来看，2007年到2008年间，很多企业都在死亡线上挣扎。不过，随着国际金融危机的逐步平息，国内“四万亿”的振兴计划又开始实施，似乎这种倒闭潮现象被暂时遏制住了。很多企业借着政策春风转危为安，稍得喘息。

不过好景不长，2010年到2011年，民营企业似乎又开始感觉到了冬天的寒意。为什么在全球经济形势逐步变暖的形势下，冬天再一次来临了呢？原因除了国内对于产业振兴进入瓶颈期，借政策带来的产业需求也开始疲软，让很多企业的“内需计划”开始日渐转弱。

当然，这些都还不是致命的原因。最主要的原因是因为企业本身微薄的利润承受不住快速增长的汇率带来的负面效应。民营企业尤其是出口加工型企业利润已经在不断的降低，这些企业利润基本平均在3%～5%之间，而汇率涨幅从2010年汇改以来，已经突破6%。也就是说，企业唯一一点利润也完全被吃掉了。

另外由于2008年货币宽松政策实施以后，原本已经产能过剩的企业加速再生产，产能过剩现象扩大到诸多产业。产品囤积现象屡屡发生，资金链自然紧张。更多的资金流向投机型行业，开始出现通货膨胀加速现象。如此一来，原料、人工等各方面成本再次加速提高。

为了让通胀的现象得到遏制，2010年起又开始实行紧缩的货币政策，并数次加息提高准备金率，减少了市场流动。虽然这么做本身是为了抑制通胀，但同时也让中小企业的经营雪上加霜。因为与国有企业不同，这类企业本身就很难有融资保障，加上因资金流动性减少门槛提高以及还款利率负担加重，资金断链企业自然也就更多。

这就是为什么2011年中小企业面临的问题比2008年还要严峻。在汇率吃掉利润的前提下，货币政策又开始趋紧，成本就不断提高，对外出口加工型企业面临着生死考验。

但是除了外因，也有中小企业自身原因，没有看清形势盲目扩张，在危机尚未到来之时没有能够审时度势、未雨绸缪。当然，即使是那些上了规模的民营企业也有很多问题困扰着企业的发展。

富士康就是“代加工”企业的代表，它成为“代加工”时代的里程碑。但是各种因素变化，让这个“代加工”领域的佼佼者逐渐出现了问题。

第二节　代加工巨头的危机与习惯性跳楼

富士康近两年逐步进入公众视线。这原本是一家行事低调的公司，却很快为民众所熟知。原因并非是公司的广告做得好，而是一个又一个跳楼事件。

2010年，富士康因为连续跳楼事件引起了广泛关注。当“八连跳”、“九连跳”、“十连跳”不断出现的时候，社会一片哗然和指责声，甚至惊动了国务院。当第12名富士康员工于5月26日23时坠楼之后，中央部委联合调查组于5月27日紧急启程前往深圳，调查这件引起国内外广泛关注的富士康员工坠楼事件。

随后，富士康内部进行了一系列整改。增加了员工的工资待遇、开通员工关爱热线并且针对自杀事件本身增加了一些硬性条款等。后来，因此事件影响导致成本上升加速，富士康的公司策略发生了较大改变。

在当时，富士康全球员工已经达到60余万，出口总额达556亿美元，占中国大陆出口总额的3.9%，连续7年雄踞内地出口200强榜首。实力雄厚的富士康为什么会出现如此多的问题？工资待遇提高，就要用“工厂迁徙”的办法来控制成本，内中原因在哪里呢？

富士康科技集团创立于1974年的台湾，是专业从事6C产业的高新科技企业。从1988年起，富士康进入大陆投资发展。20世纪80年代的大陆，改革开放刚刚起步，对于富士康这样的企业投资自然是非常欢迎。那时不管是土地、人工成本以及毗邻香港的地理优势，都极具吸引力。富士康也确实借助这些外在优势成为行业的魁首。

当然，富士康能够逐步发展成为全球最大的电子产品供应商也是有其独特的经营之道的。其在产品的质量要求方面非常严格，对于客户的服务负责到底。不过真正让富士康走向成功的，还是掌门人郭台铭自创的颠覆电子代工服务领域的机光电垂直整合“eCMMS”商业模式，其中提供客户共同设计（JDSM）、共同开发（JDVM）、全球运筹及售后服务等全球最具竞争力的一次购足整体解决方案。

与其他规模性企业走品牌战略的路线不同，富士康走的路线偏偏反其道而行之。弃品牌战略，让“代加工”本身成为企业的核心竞争力。一般来说，代加工企业发展到一定规模就会走进瓶颈，除非转行或转型。国内很多企业也是借代加工起步，然后逐步转型的。

但是富士康不同，它利用自创的运作模式成为最专业化、最贴心客户的代加工企业，让世界大品牌都愿意把自己品牌产品放到富士康制造。稳定的质量、专业的管理模式和增加竞争力的低成本加工成为其制胜的法宝。

为了打造全球最低成本构架，富士康把整个产品制造流程分成“产品成本”和“管理费用”两个方面，然后再细分到“材料成本”、“加工成本”、“测试成本”、“包装运输成本”、“质量成本”、“库存成本”等诸多环节，把成本降低系统化，逐步建立起一个强有力的管理平台。这种平台的建立不但让富士康的企业运作和加工成本降到最低，产品质量也得到了保障，并逐步赢得了客户的信任。

于是，富士康迅速地成长起来了。自1991年起年均营业收入保持超过50%的复合增长率，连续9年入选美国《商业周刊》发布的全球信息技术公司100大排行榜（2005年、2006年排名第二），2005年至2010年间年年入选《财富》全球500强，也成为全球计算机、通信、消费性电子代工领域规模最大、成长最快、评价最高的国际集团。

但是，随着国际形势的变化以及企业生存环境出现问题，也带给这个“代加工”之王不断的困扰。虽然富士康营业收入不断攀升，订单也越来越多，但净利润却在不断下滑。

2008年公布的业绩显示，旗下富士康国际净利润为1.21亿美元，较2007年同期的7.21亿元大幅下滑83.2%。其营业收入只下降了13.6%，净利润却大幅萎缩。2009年，富士康净利润再次下滑68%，下滑至3859万美元。

就是在如此恶劣的生存环境下，富士康开始出现连续跳楼事件。同时也面临着整个社会舆论的压力以及工人待遇要求。就是在这种条件下，富士康开始行动。第一步就是加薪。就像郭台铭本人说的：“加薪可以保障员工尊严，加快经济转型”。通过加薪，让员工逐步稳定情绪，然后建立心理辅导平台帮助员工走出情绪低谷。但这也意味着人工成本加速上升。虽然富士康加薪避免了面临人力资源短缺问题，但也增加了企业成本。在这种大背景下，富士康史上最大的工厂迁徙活动展开了。从2010年7月起，也就是两次给员工加薪之后，富士康开始实施搬迁计划。

拥有40万人的富士康龙华厂区开始忙碌起来。40万人的厂区，相当于一个大的县城，园区交通便利，购物方便。工友、恋人、邻居、家人交织在一起，形成了一个“工厂都市”。搬迁对深圳和富士康两方面都是有损失的。对富士康不言而喻，搬迁成本、人力调配及搬迁后的安排都是浩大工程。深圳的城市发展也受到了影响，一个小型发达企业突然被解散，很多投资项目也因此搁浅。深圳与富士康相关的上下游产业链条企业也将面临新的问题。

不过，厂区的搬迁，并非仅仅因为跳楼事件。因为仅2010年一季度，富士康母公司鸿海投资金额已累计达3.0359亿美金，涉及11个工厂项目，增加了包括中山、烟台、淮安、重庆等内陆或沿海新兴城市。这就说明在跳楼事件爆发前富士康已经在想下一步的布局。

放垄断产业，但前几次均未成功，原因就在于此。民营企业的钱都是辛辛苦苦一点一滴赚出来的，一旦投资失败，还可能会冒着“出头椽子先烂”的危险，自然是畏首畏尾不敢向前。

当然，除了这些客观因素，还有很多是企业本身的问题。很多事情不能一股脑地把责任都推在外在因素上。虽然外在环境考验着民营企业的抗风险能力，但是，民营企业本身也应该逐步去睁开眼看世界，戒掉在自身发展过程中逐渐累积的毛病。我们有很多民企逐步认识到了自身发展的瓶颈问题，开始走出了发展新路。但对于大部分民营企业来说，还是没走出下面的几个问题。

第一，是以对外加工为利润来源方式企业的转型困难。由于长时间为适应加工产品而发展，导致了企业的摊子虽然越铺越大，营业额越来越高，利润却相反的越来越少。这样，企业本身就不得不让更多运行成本花在购置新的机器和招募更多人工上。为了让企业继续发展下去，这种不得已的行为就让企业自己的资金链越来越紧张，企业发展越来越不健康 。一旦行业或者金融政策出现了变化，对一些企业来讲往往就是灭顶之灾。忙着对资金链救赎的企业领导们，往往时时刻刻如芒在背。危机感越来越重的同时，企业的发展之路也越来越窄。

第二，就是以家族性质发展起来的民营企业。在创业初期往往会看起来很团结，发展也很和谐、很迅速，但是随着时间的推移，企业逐步进入规模扩大阶段的时候，这种家族式的管理就无法发挥效用。在企业还小的时候，一个家族，每个人都会像机器螺栓和螺母一样，每个零件紧密配合让企业向着好方向发展并且达到利益最大化。一旦企业做大，就会出现各种问题。

首先是资本扩张以后就面临着大量的招工问题，如何能够让招募来的员工像自家人创业时那么勤勤恳恳、具有责任心和归属感，是非常难以处理的问题。其次还会面临由此带来的产品质量控制问题，企业家族成员对于利益分配问题矛盾重重，很多时候往往是在企业发展初期都会紧密合作，一旦企业做大之后，就会引起家族矛盾，引起企业拆分，并影响企业运作。

第三，是企业运行风险控制。民营企业有个通病就是“一言堂”。往往企业决策者说句话，下面就会毫无异议地贯彻执行。在企业尚未发展起来的时候，决策人快速决断能够显示其灵活性和当机立断的优势。可是一旦企业具备了一定规模之后，就可能因为决策人的失误，影响整个企业运转。企业无法形成一套有效的权力监督系统是最大的问题。虽然很多民营企业号称是股份有限公司，但是股东大会发挥实际功效的机制并未建立。这样，即使资产过亿的公司也会随时出现危机。

第四，是接班人问题。这几乎是我们所有民营企业都面临的困局，从改革开放以后，第一代民营企业创业者大部分已经进入暮年。很多早已经超过了退休的年龄，而目前实际情况却是，大部分老一代民营企业家还在一线忙碌。这些企业家们的后代很多往往不愿意从事父母这一代人从事的工作，他们有自己的人生目标和理想。有的是想发展自己的事业空间，有的则是认为老一辈从事的行业太辛苦，自己不愿这么劳碌一生。由于民营企业往往是离开领头人就什么也玩不转，很多事情只能由老总拍板，加上国内职业经理人运作法规尚未建立，让这些决策人不放心交给外人，这就导致了企业因接班问题陷入危机。

第五，是喜欢快速扩张。要么就以小资金实力去鲸吞资产大于自身的对手，要么就盲目加快投资项目，同时进行多元化发展。不管是哪一类，都可能给企业带来重大危机，就是“资金饥渴症”。

我们把两种情况分开来分析。第一种是鲸吞大企业，并购虽然可以大规模增加企业的生产能力，但是有被收购需求的大企业原本就已经有自身的问题。资产的负债率、企业的赢利能力、人工成本、机器的更新以及因更换领导层带来的管理问题都会在短期爆发出来。一个用多年积累的巨资投入的民营企业，是否还有能力整合并购后带来的新问题，这是一个需要提前作出风险评估的事情。而我国的民营企业，很少对风险评估付出很多，往往只会对赢利预期过多的幻想。这必然增加企业风险，并带来资金链紧张的问题。

第二种是盲目扩张投资多元化发展。这种情况往往会因资金快速扩散加上精力不够，无法顾及整个财务、运营、建设等的管理，制度必然滞后并带来很多问题。这时如果出现资金问题，导致资金周转不灵，就只能靠短期民间借贷了，很可能就会因高利率负担过重而慢慢拖垮企业。前几年闹得沸沸扬扬的本色集团老总吴英就是一个特别明显的例子。抛开所谓的权钱交易层面，单从其企业发展来说，吴英本身是一个极具商业才能的青年才俊。十几岁就开始创业，二十多岁就能够成功赚取"第一桶金"，但是由于盲目自信，又是身处民间借贷盛行的地区，让她以高调的姿态获得了很多融资机会，快速、大量、多元化的投资，使她陷入资金链紧张中不能自拔。原本有雄心壮志做实业的吴英，就这么让自己身陷囹圄。这种急功近利的思想其实不仅仅伴随着这一个人，而是伴随着民营企业的一种常态现象。

第六，是民营企业员工的归属感普遍不强。一般来说，民营企业为了降低成本，还有订单数量、时间不一致等等原因，更加愿意雇佣外来务工人员。这些人员大部分都是农村进城的打工者。虽然雇佣这些人相对便宜些，加上劳动保障、医疗保障的负担也较轻，但是其特点是流动性特别大，无法用企业规范对其进行有效的管理。如果想要让员工尽职尽责便于管理，建立一套保障系统是十分必要的，这样就会逐步建立起员工对企业的感情，除了会增强员工的积极性之外，也能够顺利推行最新的管理制度。

第七，是企业对于品牌意识的认识误区。其实很多企业的发展路径显示，他们为了建立品牌，更多的努力是在为产品的知名度进行努力奔走。然而，产品拥有知名度并不代表品牌灵魂的建立。品牌成功，更多的除了质量、服务、专业化的保证之外，能够拥有你独特的产品气质，而这种产品气质逐步影响着客户，同时，客户也会因为产品具有的气质而把产品印象深植心中。这就需要从核心竞争力到产品贴心、专业化运作以及产品推广方式全面进行整合运作。这一点恰恰是在国内企业中普遍缺少的。

众多的外在因素和企业运作的内在误区，制约着民营企业的发展。民营企业经济的重要性在现代经济社会中发挥的作用可以说举足轻重。而一个国家综合实力的展现，基本上要看民营企业的发展走向。如今世界经济强国，无不靠民营企业的发展支撑。而在未来，我国的民营企业也将会越来越作出其对中国经济的卓越贡献。

但是，想要民营企业发展健康，经济良性循环，人民生活水平逐步提高，就必须建立企业公平竞争的软环境，在减轻民营企业负担的同时能够有一个好的引导机制，只有更加了解民营企业发展的历程，从发展成败中总结出了一些应该吸取的经验和教训，才能够更加清晰地分析出我们所处时代面临的机遇与挑战，只有这样，才能认清民营企业的真正发展之路，不致走入歧途。

第二章　网络战争谁在背后偷笑

一场网络纷争，让全国网民都在一段时间内不约而同地把视线转向了两家网络企业——腾讯和 360 。这场网络大战之所以这么为人们所注意，关键不在于两家公司的恩怨本身，而是因为这场网络大战出现的威逼手腕，几乎把全国同类网络企业以及网民卷入其中，其牵扯的范围之大、影响之深是从没有过的。虽然最后在政府部门干预下，两家公司停战。但是，这其中所爆发的大讨论却没有结束，此次事件真的只是个别事件吗？到底谁赢了这场网络战争？该事件对我国网络企业发展又有着什么样的影响呢？一切都是有因才有果的。事情已然过去，但是对于网络企业该如何竞争与发展的思考却远未停止……

第一节　腾讯的成功典范效应

任何企业的成功都不是偶然的，其中必有其独特的经营之道。网络企业自然也不例外。腾讯就是其中的典范。腾讯之所以有今天的规模，还是源于一个聊天工具。这个聊天工具，是腾讯成功的起点和基石。不过，腾讯的成功并非仅是因为运气好，因为选择了一个好软件进行推广和应用才获得成功的。因为在同一时期，国内做着相同类型聊天工具的公司还有好几家，然而最终只有腾讯成功了。

20 世纪 90 年代，当国内的老百姓刚刚听说“互联网”这三个字时，腾讯成立了。当时，国外这种网络即时通信的服务已经开始逐步普及，但在国内却还是空白。虽然也有一些公司在运营，但也都是杂乱无章的。腾讯也是众多此类公司之一。由于当时国内宽带网络平台尚未建立，上网只能依靠拨号，家里有电脑的就更少了。一般来说，喜欢新鲜的年轻人在电脑上所能干的事就是去一家小网吧玩玩单机游戏或者网上聊天。而腾讯满足了网上聊天的需要。

腾讯摆脱其他竞争对手走向成功之路，绝不是靠运气。为商之道最重要的，不是单纯技术领先，也不是资金实力，而是了解用户需要什么。腾讯就是深切地掌握了当时上网民众的切实需要。

首先是贴心。这个贴心体现在很多地方。工具从开始运营的时候操作都很简单，符合了当时年轻人最基础的需要。因为从某种程度上来说，在当时的大环境下，对电脑和互联网有所认识的人并不多。很多人只是在玩单机游戏之余尝试一下新东西，而这类人中学生的比例是非常高的。当一件新东西新奇、简单又容易上手的话，就会使人有继续尝试的冲动。聊天工具又是互动工具，一个人玩上手最大的欲望就是介绍给自己的朋友、同学，于是，传导效应就这么展开了。

同时期很多聊天的工具只是照搬国外现成的技术，并没有针对中国当时的民情去设计贴心的功能。因此，很多功能烦琐的聊天工具频遭淘汰。腾讯憨憨可爱的小企鹅形象一建立，在可爱之余还够时尚，于是深深打动了年轻人尤其是女孩子的心。在摆脱了传统卡通在人们心中形象的同时也避免了侵权等未来要面对的法律问题。每一年，腾讯都会根据市场的需要对 QQ 版本进行微调式的改良，让 QQ 更加贴合不断变化的网民的心态。

其次是运用了传统商业原则，摸透了人们的消费心理。什么都是物以稀为贵。有句俗语说得好："上赶着不是买卖。"一个店铺也好，一个企业也罢，当你的产品越多的时候，大家不以为意，买的欲望就不大。当买家多而产品少的时候，不但大家都抢，还要抬高价来抢。

当腾讯一批一批让大家注册 QQ 号的时候，号码不断增多，小位数号码就越来越值钱，注册的人也就更加多。很多人的心态是不管有没有用，我先注册一大堆再说.当时在一个月前 7 位号码还不值钱，一个月以后普通的 8 位号已经能卖五块钱了。虽然当时这些事被当做"事故"来处理，但其实也暗合了为商之道。

现在回过头来看，说是歪打正着也好，说是运气也罢，反正当时腾讯确确实实脱颖而出，也为形成网络商业帝国打下了基础。其以后的商业运作，也都是围绕着贴心、专业而进行的。

如果单单这几点就奠定了腾讯今天的商业地位，那还真是小看腾讯了。其实，腾讯最大的武器在后来发展中才展现出来。当腾讯聊天工具淘汰了竞争对手逐步占领了全国市场之后，并没有就此满足，而是加快脚步建立一个庞大的系统。这个系统才是腾讯成功的根本。

其实这个所谓的系统，就是共享平台。以聊天系统为基础，开发出一套围绕客户需要，提供更多服务，却让所有服务都围绕 QQ 聊天工具为核心工作的巨大平台。而要建立这个共享平台最重要的一点，是要拥有强大的复制能力和背后迅速贴合 QQ 网络服务的运作团队。

每当国内出现一种网络上的新生事物时，只要这种新的网络事物传播速度够快，也有受欢迎的趋势，马上就成为腾讯的目标。他们可以不比第一个做此类业务的公司好，但绝对是“第二好”。这个“第二好”一旦进入了以 QQ 聊天工具为核心的共享平台之后，就变成了一个强大的网络堡垒，因此用户在享用 QQ 服务的同时也享受了更多的方便，用户不需再经烦琐的注册和认证就可享受相同的网络产品服务了，这一点对于腾讯来说，意义则更加深远。

你可以看不起腾讯的品格，说只会复制别人。你也可以不认同它“巧取豪夺”的商业技巧。但有一点你却不能不承认，那就是腾讯确实是成功的企业。腾讯只建立了一个平台，就省去了很多工夫。它不需要用更多的资源去推广它的产品，只需要在网民用它的工具的时候就提示出来。

而不断衍生的新工具又互相链接给不同工具，带来比其他厂商更优质快捷的服务。当网络共享平台建立起来的时候 ，一旦运行，所有的服务都会同时运转，成本大大降低，推广速度则是呈倍数地增长。每一项服务看起来独成一派，但实际上却是连成了一片。

我们现在为什么离不开 QQ，仅仅是因为它是聊天工具吗？是因为在它强大的共享平台下不断累积的服务效益。从聊天到新闻的资讯，再到各种各样的游戏，甚至输入法都会不自觉地用它的，因为它贴心、方便。为什么会这样？强大的资源共享带来的超级方便。

这种服务效益不管你愿意不愿意，当进入你的生活的时候，你会发现，享受的服务越多，就越来越离不开它。这种平台运转越来越强大，直到其他企业不可复制之后，也就是它形成强大网络垄断体系的根本基础。

一个产业链条当中，通过强大的共享平台，推向市场的速度会更快，也会拥有强大固定客户群的支持，打败对手自然容易得多。就好比别人先出了产品，但是要现去挖路运输，腾讯虽然是后来者，但路已经修好，并且有很多的辅助设施支持，让客户更快更直接地接触到产品，谁胜谁败立分高下。这也是为什么后来腾讯能够玩得起一场那么大的网络战争，而面对无辜的网民被拖下水却又满不在乎的根本原因所在。因为那时你会发现，当两种工具同时摆在你面前时，你离不开它。

第二节　半路杀出来的360

和腾讯相比，奇虎360的发展史则要短得多。真正崭露头角也就是近两年的事情。可是，就是这样一个年轻的公司，能够在短短几年就打出一片天地并且让同行恨之入骨，这在中国的网络发展史上也是不多见的。最令人神奇的是奇虎360在中国网络杀毒市场的布局已经稳定，并在诸多实力厂商的竞争中迅速发展起来，可以说它有自己的独到之处。

在信息产业中，想要有所发展并不是单靠资金雄厚就可以的。一定要有绝对专业的团队和独特的产品特色，更要有能快速发展的平台。但是，在行业格局趋于稳定的2006年至2007年，想要拥有这样一个平台是非常难得的。腾讯那样的公司建立平台的黄金时期也是在20世纪90年代末那两年，目前，最佳发展的时机已经过去。奇虎360又是如何做到快速发展并拥有众多铁杆用户的呢？在迅速得到市场份额的同时，为什么它又得罪了众多同行，甚至很多非杀毒软件运营商也看它不顺眼呢？一切还要从它的前身说起。

要说奇虎360，就一定要提及其掌门人周鸿祎建立的前身3721。3721是20世纪90年代末建立的，在当时对大部分网民来说什么新生的事物都是新奇的，网络也没有什么实在的规矩可言。所以刚开始3721也没有找到快速发展的路径。直到后来3721运用了插件捆绑的方式推广以后，一切就都不一样了。因为一切操控都是那么顺其自然，不管装了什么软件，3721都能够很方便进入电脑，并且能够让你立刻感受到它的方便。这也是暗合了“贴心”的商业策略。

但是，一切有正必有反，由于这种过于“贴心”的工具成为病毒的“温床”，让用户烦恼不已。直到后来，因为发现它比顽固的病毒更难对付，3721也就拥有了最大流氓软件的“美誉”。随着时间的推移，3721不断被转卖收购，这种捆绑式软件也逐步淡出了网络舞台。但是，3721的运作模式却为后来奇虎360的发展起到非常关键的作用。

这时候企业发展所需要的物力和人力资源再也不会缺少。最重要的是对于刚刚诞生的奇虎360来说，未来发展该走一条怎样的路，已经清晰地摆在了面前。3721成功证明，要想让奇虎360也成功，则必须具备两个条件。

第一，必须通过一个强大的平台让自己迅速融入网民的上网生活中。第二，必须建立一个不同于一般的杀毒软件，这个软件应该很贴心、很方便。所以为了达到这两个目标，最终建立属于自己的平台，360也就不惜得罪同行业者了。其先是与卡巴斯基合作。用卡巴斯基平台搭建起更方便、更快捷、更贴心的防护和杀毒软件桥梁，以这种完善的杀毒软件服务为开端，当在市场稳定以后，就能够抛开卡巴斯基用自己的杀毒软件，从而建立真正属于自己的平台和系统。

虽然360安全卫士逐步开始让网民接受。但是要大家卸载别的杀毒软件而使用自己的杀毒软件也不是很容易。要完成360的华丽转身，打出一片自己的天下，则必须作出牺牲。为了能快速占领市场，奇虎360又迈了两步。就是这两步，让360迅速达到了华丽转身的目的，同时也为后来的网络大战埋下了伏笔。

第一步，就是在迅速推出自己的杀毒软件的同时，打破杀毒软件市场固有的收费规则，推出一款完全免费的杀毒软件，这样就拥有了行业竞争力。虽然奇虎杀毒软件还很年轻，但却增加了网民去试试的欲望。只是这么做虽然迅速占领了市场，却必然打破行业中的平衡。自然惹恼了国内众多的杀毒软件同行，宿怨就是从这时候埋下的。

第二步，就是让自己的安全卫士和杀毒软件建立起共享平台，并推出独有自己个性的服务。这些服务有很多是其他软件的升级或者完善功能。360自己搭了一个桥，设了一个卡，让客户选择。这么做自然会惹恼更多的同业者。但是，却非常符合刚刚经历windows系统盗版黑屏事件客户的心态。也就是在那个时间段之后，360逐步完成了其异军突起于同行业的战略意图。

但是，这么做的双刃剑，就是点燃了同行业仇视的火种，并直接导致腾讯这个拥有行业垄断地位的“龙头”挑起一场前所未有的网络大战。

第三节　3Q大战恶搞了谁

2010年，一场网络发展史上最大型、涉及面最广、参与企业最多的网络大战轰轰烈烈地展开了。这场大战，虽然不像武侠电影那么刀光剑影，但实际上，却比真正的战争有过之而无不及。不仅上演了一场垄断争夺战的大戏，甚至因为这场战争，让几乎全国无辜的网民都牵扯其中。口舌之争更将这场大战引向了白热化……

其实不管从哪个方面来说，奇虎360和腾讯这两家网络企业都不可能有很大的正面冲突。因为奇虎360这两年的发展虽然比较迅速，但从其业务发展来说，也只不过是一家涉及杀毒软件和病毒防护的公司。

而腾讯呢？则包罗万象。以聊天工具为轴心业务涉及通信、下载、网络休闲游戏、博客、搜索引擎、电子商务、图书、邮箱、相册、播客、论坛、贴吧、浏览器等几乎所有网络业务。虽说不是每项业务都能拔得头筹，在业务面上也显得过于繁多，但是从效果来看，大部分都赢得了相当多的客户。而业务链接性和共享性启动起来之后就成为一家最赚钱、实力最为雄厚的网络公司。

那么，到底是什么引起腾讯这样的网络巨头对奇虎 360 的注意，并且起了杀心呢？其实原因并不十分复杂。奇虎 360 虽然崛起时间并不长，但却步步杀招，每一步都是精心布局。从开始依附于卡巴斯基，到后来独立出来配套软件，其发展客户能力非常迅速。

最让腾讯心惊胆战的是，奇虎 360 就像是十年前的腾讯，虽然是以杀毒软件为卖点，但却不仅仅只作为其单一的发展元素。而是以杀毒软件为轴心，用配套服务和体贴的软件管理功能作为发展规划半径，这样就无限大地拓宽了市场发展空间。在短短的一年时间，就把客户量发展到了仅次于腾讯的地步。

而同时，腾讯推出的同类软件却因为 360 的出现铩羽而归。对从未落败过的腾讯而言，竟然有这么一家实力并不十分雄厚的公司逼得自己节节败退，这是不可想象的。

即使是百度、淘宝、实力雄厚的韩国网络游戏运营商和实力强大的门户网站，自己都能从中分一杯羹，但这次单一业务几乎完败，是不能容忍的。这是腾讯发动网络战争的原因之一。腾讯非常清醒地认识到，如果任由奇虎 360 就这么发展下去，自己行业的垄断地位和辛苦建立网络资源平台的“独有性”将被打破。将来如果 360 羽翼丰满，很可能危及自己的全盘业务，制约自己的发展，业务将受到竞争压力，利润也肯定会受影响。所以一定要趁 360 羽翼未丰尽早解决，这样，一场网络交锋也就在所难免。

华夏五千年历史中，不管谁发动哪一场战争，都会有两个大动作。第一，是发“讨逆檄文”让自己师出有名。除了名正言顺之外，也会让舆论站到自己一边，给对手造成压力。第二，会联络各路“诸侯”，结盟来一起讨伐“逆贼”。给自己壮大声势，做起事来也就事半功倍。

既然决定了要给 360 颜色看看，自然要找到适当的时机、合适的理由，这样才会师出有名，再和其竞争对手加以联系，就会成为盟友。有句话说得好：朋友的朋友是朋友，敌人的敌人则更是朋友。有了共同的目标，即使以前关系不怎么样，在此时也会结成牢不可破的商业“讨逆联盟”。并占尽了“道德”制高点。于是，一场维护网络垄断权的“战争”也就不可避免了。

万事俱备只欠东风，只差以什么方式出手了。2010 年 10 月 14 日，腾讯以 360 保护软件曝光 QQ 偷窥用户隐私事件作为发动“战争”的头炮，正式起诉 360 不正当竞争。并要求其停止侵权并道歉赔偿。360 自然不会闷不作响，很快就提出了反诉，并说腾讯回避窥探客户隐私问题起诉 360，除了报复，不排除是转移视线。对于 360 的反诉，腾讯并不意外。因为打头炮就是为了 360 应战，360 一旦应战，才会让自己合情合理地进行下一步行动。

10 月 27 日，腾讯在各大媒体同时刊登了《反对 360 不正当竞争及加强行业自律的联合声明》。该声明是由腾讯作为主导，联合“讨逆盟友”金山、百度、傲游、可牛等公司联合发表的，这篇“讨逆檄文”一共涉及五条“大罪”。内容洋洋洒洒上千字，总结起来很简单：一是对百度的侵权，主要因为将百度工具栏定义为恶评插件。二是对金山的侵权，就是软件要求卸载金山。三是强迫用户使用 360 的浏览器。四是对可牛的侵权，拦截可牛软件。五是最主要的，就是对腾讯侵权，涉及针对腾讯窥视用户隐私的软件保护程序。

这一份声明一出，让这场有史以来的网络大战正式拉开序幕并渐趋白热化。360 也不是省油的灯，开始进行了全面反击。在腾讯等公司发表声明刚刚两天之后，就推出了一款“360 扣扣保镖”的安全工具。并称该软件能全面保护 QQ 用户安全，包括阻止 QQ 查看用户隐私文件、防木马及给 QQ 加速、过滤广告等功能。紧接着 72 小时下载数量就突破数千万。腾讯则声称其为“外挂”行为。360 迅速推出“扣扣保镖”彻底激怒了腾讯。之后腾讯做的事，不仅让整个事件彻底升级，也把两家公司的所有用户牵扯在内。

11 月 3 日晚 6 点，腾讯发表公开信，“遗憾”地宣称，所有装载有 360 软件的电脑上停止运行 QQ 软件。并说，只有卸载 360 软件，才能继续使用并登录 QQ 软件。此文一出，马上在全国掀起了轩然大波，引起了千万网友热议。从此事件来看，腾讯这么做毫无疑问是利用自己的垄断地位以本伤人。其行为既冲动又霸道，甚至还有些孩子气。但从当时几天的效果来看，确实可以看得出腾讯的辐射力确实非当时的360可比。据当时360掌门人周鸿祎称，被迫卸载360软件的用户达到6000万。

虽然打击够直接，却也带来了很多副作用。首先，把“战火”烧到了用户那里，剥夺了用户的选择权，惹怒了用户。其次，虽然这么做对360造成较大的打击，但是一下子就把360推到了道德的制高点，360立刻抓住机会利用自己的弱势地位展开道德攻击，腾讯陷入被动。

本来两家公司你来我往的争斗，很难说出谁是谁非，但是这么一搞，一下子就在道德上分出了胜负，这也就是后来360逃过此次网络追击的重要因素。果然，腾讯的这种行为给千万网民造成了不便，网上讨伐之声不绝于耳，360则抓住机会以退为进发出公开信称：保证360软件和QQ同时运行，腾讯此举完全不顾及用户权益，要求其向全国网友道歉。

随后“360扣扣保镖”下线。360马上又发出一封《360致网民紧急求助信：呼吁用户停用QQ三天》说“这是360生死存亡的紧急关头，也是中国互联网最危险的时刻，希望您能够坚定地站出来，再次给予我们您的信任与支持!”这么一来，360就在舆论上打了一场漂亮的翻身仗。

11月4日，相传工信部通信保障局和公安部介入此事。由于事件牵涉的层面太广，让中国过亿的网络用户都尝试到了网络战争的滋味，政府部门不能再坐视不理。虽然市场需要竞争，但是因为垄断权争斗牵扯到了用户利益，已经是不被允许的了。11月5日，工信部、互联网协会等多部门开会讨论此事的应对方案。之后，用行政命令的方式要求双方罢手。

对于360来说，当然是越快结束越好，越快结束自己损失也就越少。因为毕竟自己还不是腾讯的对手。虽然道德制高点被自己所占领，但如果长期被围困下去，江山也将损失殆尽。于是，360很快宣布QQ和360已经恢复兼容，并在官方网站发布名为《QQ和360已经恢复兼容，感谢有您!》的公告，并公布了有关部门的联系方式，提醒用户如果发现两软件出现冲突可向相关部门举报。

360这么做目的有两个，一是首先放下武器，继续获得舆论支持，也是表明停战态度。二是让腾讯也赶快停战，并提醒腾讯，如果还不表明态度政府部门也不会答应，这可以说是绵里藏针的一招。腾讯费了这么多的周章，却没有挤掉360，自然非常不甘。虽然于2010年11月5日再次联合百度、金山、傲游、可牛，召开发布会宣布将不兼容360系列软件，并继续在自己的新闻网页制造舆论压力，但既然政府部门已经介入，也就无力回天了。

11月8日，QQ和360恢复了兼容。事情逐步和解，一场维护垄断权的网络大战，终于偃旗息鼓了。这场3Q大战虽然暂告结束，但网络纷争却没有结束，3Q大战中，凸显了360和其他几家网络同行们的矛盾。到底他们是怎么结怨的，为什么那几家企业会联合腾讯结成联盟对付360？一切都是因为行业恶性竞争，才引发出如此规模的网络联盟战争。

第四节　联盟围攻谁是背后主谋

这场网络大战，腾讯在舆论讨伐声中偃旗息鼓，也让被逼到墙角的360逃过了一劫。但其实在商业竞争当中，没有正义和非正义，也没有对与错，只有胜与败，成王败寇。所以360虽在这次与腾讯之战中扮演了“被侵害者”的角色。但在以往为能在行业中发展成为强者，为让自己拥有行业垄断地位，也做过不少类似的事情。百度、金山、傲游、可牛联合腾讯对360开战虽略有趁火打劫之嫌，但宿怨不是一天造成的。其中各有各的原因……

360掌门人的运作能力相当强，把一个成功的“流氓软件”蜕变为专门拦截“流氓软件”的防护杀毒软件，其转换非常迅速有效。因为自己是曾经开创“流氓软件”的鼻祖，自然也就清楚知道用户的感受和与原3721同类型软件的弱点。所以推出360安全卫士时自然受到了广大用户的欢迎并迅速赢得人心。对付这一类的软件也就有特别的一套。用几个字来概括就是：雷厉风行、细致入微、绝不手软。当然，随着市场占有率越来越高，竞争也越来越激烈，慢慢也会做一些类似垄断的小动作，这样就与很多同行结怨了。

360与百度的结怨由来已久，从周鸿祎运作3721的时候就已经开始了，那个时候百度的规模还很小，服务于一些知名的门户网站。后来大家都在做搜索引擎，只是做法不同而已。3721 做的是网络实名，而百度做的是竞价排名。竞价排名是用钱买排名，网络实名则完全相反。传统媒体宣传优势和独特的运作手法，让百度逐渐占了上风。

其实百度之所以能够领先 3721，关键还是其成功的商业运作模式。当然，也是由于当时网络的普及率和影响力还达不到传统媒体的公信和深入人心的程度。再加上“有问题百度一下”的宣传口号所表达出来的核心理念，透过强大的搜索引擎系统，逐步建立起了一个信息共享的平台。

尤其是后来建立的“百度知道”和延伸出来的“百度百科”，让这个信息的共享平台能够以乘数效果快速建立。“总有人知道你的答案”是成功的关键，也是平台能够成功建立的最关键原因。更重要的是，百度能够先建立这个平台抢占先机，最后拥有强大的固定客户源，让客户不知不觉当中做了百度员工做的事，并成为宝贵财富。

搜狐的掌门人张朝阳曾经向媒体表示过，百度的员工素质赶不上搜狗。但就是因为百度让整个平台迅速建立，才跃上了一个全新的层次。员工素质本身不是最重要的。

所以百度围绕这个核心逐步完善和发展其他增值业务也就变得极为顺畅。从“有问题百度一下”的核心目标建立，到“百度知道”的发扬光大，在这个时候，3721 也就显得逊色了。市场自然倒向了百度。2004 年 3721 虽然做了一系列大的动作，也推出了同类型的搜索引擎，但是市场就是这样，谁抢占了先机，谁就是赢家，第一次和百度交手就这样结束了。

不过真正和百度再次产生冲突还是因为 360 的发展日渐成熟，胆子也大起来了。2010 年 3 月，360 安全卫士把百度开发的百度工具栏和百度地址栏两款软件定义为恶评插件，并提示：“此类插件具有恶意行为，可能会危害您的电脑，建议您立即清理。”在该软件之下默认删除这两个软件，此外在官方网站宣布这两个软件无法正常卸载。4 个月以后，更直接把这两个软件划归到“病毒”栏里，并宣称有“安全威胁”。加上此前 2008 年两家公司曾有合作利润分配的纠纷，更让百度暗气暗憋。这就成为腾讯“收拾”360 的时候百度帮忙的重要原因。加入“讨逆联盟”就是顺理成章的事情了。

如果说360和百度还属于“刮擦”式的恩怨，那么和金山则是彻头彻尾的同行业争斗。金山公司发展和360不同，它属于在软件类产品公司中比较兢兢业业的那种，20多年的行业积累和扎实的技术团队，造就了一个在行业中拥有稳定客户群和利润收入的公司。金山公司业务虽然没有腾讯那么普及、没有360那么迅速，但是其在企业、办公和政府等部门拥有强而有力的支持者。其开发的“金山词霸 ”和“金山毒霸”以及同类型衍生产品形成了一个铁打的商业网络。

但是，360所做的商业行为让金山不得不重视起来，因为这个新冒出来的后生晚辈不仅屡屡向自己进攻，甚至打破了多年来杀毒软件的行业规则。当360抛弃卡巴斯基推出杀毒软件，并且以“免费”为卖点的时候，就已经把整个杀毒软件行业给卷了进来。让金山、瑞星、卡巴斯基这些老牌的杀毒软件都感到十分恼火。

就像是开拉面店，好多家拉面店都卖五块钱一碗，一个新开的店铺偏偏挂出牌子说只卖四元，并且说这是永久性的。那么同行业自然不愿意。所以仅仅这一件事就足以让金山出来支持腾讯的“讨伐”。而此时另外一件事更是火上浇油，让金山坚定地加入“联盟”。

2010年5月21日，金山发表声明指出360以兼容问题为借口诱导客户强行卸载金山网盾，要求360停止侵权行为，并保留采取法律手段的权力。一个刚刚立足没几年的防护软件公司，竟然能够明目张胆地开始对自己发动进攻，怎么能够忍受得住？再加上破坏行业平衡的做法更让业务发展陷入被动。适时，腾讯讨伐360，此时不加入更待何时？

傲游和可牛的加入，可以说目的都是差不多的。虽然它们一个属于浏览器，一个做杀毒。但是这两家公司论规模、实力和市场占有率，都无法和360相提并论。当然，傲游比可牛还是好很多，毕竟已经开始有了自己的客户群，且其网络的下载率也不低。

但是傲游却有自己的缺陷，这个缺陷可能将会成为死穴。那就是，虽然傲游下载率挺高，但是却没有保证固定客户群和不断发展的核心平台。这样的软件一时可能还挺风光，但是缺乏核心竞争力的行业瓶颈会随着发展一直存在，直到尾大不掉的一天。因为随时会有同类型的软件来取代自己。

在网络企业中，无法建立平台，就等于无法吸引客户，而且永远没有行业话语权。所以，仅仅是360浏览器就能够对它的发展构成非常强大的威胁。原因是人家的平台已经建立好了。加入联盟搏一搏或许还有生机。可牛就更加不用说了，根本没有时间去建立平台就已经被360抢占先机。即使可牛推出免费杀毒软件，也被360抢去了风光。此时加入“讨逆联盟”除了有机会可以打败行业中的“大象”，也是一个自我宣传的好机会。最起码能借助QQ这个平台好好免费宣传一下，能够搭上腾讯这艘大船，真是有百利而无一害。所以，一个由实力强大的百度、腾讯、金山和弱小的傲游、可牛所组成的行业实力“不对称”的联盟就这样形成了。

360短短几年就做到如此规模和市场占有率，不得不佩服其掌门人的能力和才华。但也正是由于想要几年内快速崛起，带来了很多副作用。第一，是为了发展不择手段，对竞争对手咬住不放。并且用一些或借力打力或主动打压的手段实现快速增长。第二，卸磨杀驴。只要能够赢得利润，昔日的合作伙伴也可以在瞬间“反目成仇”，在借助巨人肩膀爬上顶峰的同时挥剑斩杀巨人。这让迅速发展的360锋芒过露，树敌太多，也就留下了和腾讯争斗的隐患和未来同行业间争斗的祸根。

未来，类似的商业争斗还会出现，也将形成网络发展中一道新的风景线。只是，像这样的网络争斗，必然会不断牵扯到无辜的网民。

第五节　网民的嘶喊与自嘲

当这些网络巨头们每次为争夺网络控制权而大打出手的时候，却从没想过，会不会因为自己使出的手段伤害到网民。因为在他们心目中，客户是可以慢慢再拉回来的，可是竞争对手一旦强大起来则必然对自己将来的生存造成巨大影响。

所以，为了达到自己的目的也就不惜胁迫网民，甚至牺牲网民利益了，这些行为，几乎所有知名网络企业都或多或少地用过。可是真正引起广大网民甚至全中国老百姓关注的，还是腾讯和奇虎360之间的大战。

2010年11月3日，腾讯作出了一个“艰难的决定”：在所有装有360软件的电脑上停止运行QQ软件。消息一出，犹如一颗巨型炸弹，立刻在中国的互联网上爆炸开来。一时间，几乎所有的网络媒体、贴吧、论坛都争相报道和讨论。事件并没结束，随后两家公司展开了弹窗大战和封堵大战。

360在随后发出“求助信”，希望用户停用QQ三天以示抗议。双方你来我往，网民也开始了大讨论，有很多用户被迫卸载了360，还有用户因不满QQ行为坚持没有卸载，并在各大论坛讨伐QQ。

平心而论，虽然以前网民也遇到过不少置用户利益于不顾的行为，但像这种用明目张胆的“艰难的决定”来胁迫网民却从没有过。虽然在公开信中腾讯说让用户选择，但其实能选择吗？现实已经决定了，几乎所有网民上网都已经离不开QQ的业务范围。虽然还有其他类似的聊天系统，但网民苦心经营数年的用户网络已经稳定，短期内是无法代替的。

在这种时候，网民只能望信兴叹，除了在舆论中谴责外，似乎没有什么实际有效的办法。很多用户已经长时间适应了360与QQ并存的生活，遇到这种问题的时候，为了方便只能暂时卸载360。这也就是说，虽然360也建立了系统平台。但与系统网络完善的腾讯比起来，这种战争是无法获得胜利的。

几乎所有网民都怀着满腔的怒火，因为自己平平静静的网上生活竟然因为网络企业争斗而被迫改变。中国网民第一次尝到了网络垄断的力量。

其实，对于这种垄断行为，在法律中并不是没有规定。但是，由于反垄断法的实施细则还有待完善，加上网络本身就是新兴产业，即使对网民构成侵权也没有事实案例作为支持。

所以，当网络企业握有一定垄断权的时候，也就有些肆无忌惮了。有一些民间人士或抗议，或向法院起诉，实际效果却不尽人意。网民依旧夹在两家公司之间做受气包。作为从没有话语权的网民，只能站在较弱的一方做声援。

事件平息之后，不管哪一方面也没有真真正正地公开自己对网民权利践踏所表示出自己该有的歉意。虽然在工信部的干预之下，两家公司均在自己的官方网站发了道歉信，但都缺乏诚意，除形式上说句对不起外，都在透露自己处于整个事件中的苦衷，并把对对方的不满隐藏于字里行间，让你无法挑出不是来。

每一个网民在使用一个软件或选择一个软件的时候，从来不会考虑这个软件企业是不是足够强大，而是软件是否能给自己提供方便，并且在享受到服务之后，也会推荐给家人朋友，从而形成一个有机的潜在客户推导群体。然而慢慢的，这些企业却忘了，自己之所以能够成功，众多的收费服务之所以如此昂贵但是还有人买，都是因为网民的期待和信任。

一家企业多年努力辛苦建立起属于自己的平台和固定客户网络的时候，往往就自大到认为网民已经完全离不开自己了。是的，短期或许看不出有多大的影响，但是从长期发展来说，一个企业已经逐渐让客户失去了信心，自然会有其他途径来满足客户的需要，替代它的位置。

我国的网络企业不管发展到哪个程度，最终靠的还是普通消费者的支持，换言之，网络企业将来发展之路还是要靠数亿小网民来支持，当企业自认为自己大得已经可以吞掉整个网络的时候，危机可能已经悄悄出现在眼前。

随着未来像这种网上垄断权之争形式逐步增多，网民维护自己权利的意识也会不断增强。同时对于这种网络争斗和网络垄断的反感也会愈加强烈。

回头看本次案例，表面上看起来网民除了受气没有做到什么。实质上如果不是腾讯作的“艰难的决定”在先，从而惹怒了全国网民，并在整个社会舆论造成一股强大的冲击波，那么试想一下，可能360已经逐步被腾讯逼迫丧失客户成为失败者。360最终能够打了场漂亮的翻身仗，其实不是自己的危机公关能力有多强，而是因为对方过于霸道激怒了全国的网络舆论，几乎每一个网民都因为对腾讯的激愤而不自觉地站到了360一边。而后来工信部等多部门出手干预，自然也是因为对全国网民权利的尊重。

一场网络大战，不仅仅影响了各个网络企业，也从中衍生出了一个重要的问题：那就是，当这些网络企业都斗得你死我活的时候，谁来重视网民的权利？不管从哪个角度来说，网民都是网企维系生命和发展的源泉。可是当他们真正需要维护的时候，又有谁能够顾全他们的权利呢？

不管是正当还是不正当的，这种网络大战总是不可避免。当这些企业真正明白自己到底该为什么争为什么抢的时候，才是这些企业真正成熟之时。

第六节　网络战争的大赢家

当网络大战在工信部干预之下偃旗息鼓，所有一切归于平静之后，却带来了很多思考。对双方来说，这是一场没有赢家的战争。但是，却因此打破了以往的竞争格局，并改变了整个网络企业未来的发展进程。

奇虎360和腾讯在这场战争中都遭受到了巨大损失。就拿腾讯来讲，事件开始到结束，腾讯的港股股价遭遇到了前所未有的波动。也就说明投资者对腾讯投入这场战争造成的负面影响有预期并丧失信心。盘中出现了大量抛售股票避险的行为。但这只是能够看到的损失，况且股价毕竟只是一时的波动，更严重的损失还是公司自身发展受到影响。

腾讯公司第三季度财报显示，腾讯网络广告业务收入比上一季度下降了3.8%。连广告商客户也对腾讯信心有所下降。腾讯的商誉也受到损害。而整个事件因为互相对战、对骂也引发了意外插曲，腾讯老总个人名誉也受到了牵连。既损失了金钱又损失了名誉，最重要的是流失了客户和投资者的信心，可以说腾讯在此次大战中受的损失，不亚于一次金融风暴来袭。

最戏剧化的是，腾讯费了半天劲组织的讨伐大军，并没有对360造成灭顶之灾，“野火烧不尽，春风吹又生”。腾讯未来最终还是要面对这个难缠的对手。

360受伤则相对较轻。但其损失也不小。首先是“360扣扣保镖”研发白白浪费掉。接着因为腾讯的“逼宫”流失了数千万客户，让公司蒙受了不必要的损失。

虽然因为舆论的愤怒，360 站对了位置并借力打力，但其实发展到后来 360 已经开始撑不住了。所以当政府部门刚刚开始介入，360 就先摆出了姿态，一方面表示自己的诚意，另一方面撇清自己不是肇事者，以便尽快结束这场战争。

但凡事有因必有果，如果不是 360 太高调地四处树敌，也就不会那么快把腾讯逼出来。其实，360 最大的损失并不是这些。而是经此一役，360 已经锋芒尽露，由于以往做事太过狠辣，加上行事过于张扬，在这次事件之后已经让全行业达成了一个共识，那就是 360 是大家未来潜在的最大敌人和不安定因素。这也就为将来可能要出现更多的矛盾埋下了巨大隐患。

并且，360 过去是以快打快、以狠打狠。但是将来可能会有更多公司针对 360 做出类似的事情。此次大战之后，用户和合作伙伴对于 360 信心也将大打折扣，甚至在未来合作也会有所顾忌。相信这对 360 未来的运作发展不是一件好事。

这场对战，更让其他的网络企业渔翁得利。整个网络竞争格局竟然因为这次的对战而发生改变。这是以往历史上尚未出现的。

首先我们来说金山，只是一起发表个声明，一方面自己也不会被当为主要的参战者，网络舆论不会给太大压力，所有压力都给了腾讯。另一方面在金融市场上更是大丰收，金山的港股一天就大涨接近 18%，这在金山上市的历史中从未有过。360 被腾讯逼迫卸载软件，让金山趁此机会抢夺市场，这比做广告的效果不知道要强多少倍，而像瑞星等杀毒类软件也相对受益，并且也趁机推出一年的免费杀毒软件来吸收 360 的客户。一时之间，混乱的网络成了抢夺客户资源的战场。

相应，从腾讯那边也出现了争抢客户现象。上市创业板公司神州泰岳主要是做飞信业务，其通信软件的性质也与腾讯类似。自从腾讯宣布要用户二选一之后，飞信业务突然激增，网络注册数量突飞猛进，甚至出现了一时过忙网络无法注册的情况。与此同时，神州泰岳股票也大幅拉升，显示了市场和客户对于这场网络大战给神州泰岳带来的实际利益明显，信心自然也就增强。

MSN也没有放过此次争抢用户的好机会。在2010年11月6日迅速推出了将QQ好友导入MSN功能。输入QQ用户名和密码就可以把QQ好友邀请到MSN平台上 。这么做是在把QQ数年辛苦积累的客户网络平台不断进行瓦解。关键是时间点掌握得非常好，做到了偷天换日还不被注意。真是一石数鸟。

新浪也因为此次的事件获益良多，除了争取到了众多客户支持之外，也正好借此机会与MSN合作。在2010年11月11日下午，新浪与MSN在众多的领域展开全方位合作，包括博客、微博以及即时通信业务及其他业务合作。这样强强联合的目的很明显，就是趁腾讯损失尚未恢复的时候尽快在即时通信等领域成为可以与腾讯相抗衡的新势力。

傲游在此次争斗中应该是获益相对较少的，当然还是有收获，那就是在360浏览器流失众多客户中也能分一杯羹。但是，毕竟傲游始终是一个缺乏核心竞争力没有建立系统平台的软件，所以在如此大好机会之下，没有抓住机遇让自己获得最大化的利益。这也是比较可惜的一点。因为在同一阵营，更弱小的可牛，就抓住了自己的机会，让自己迈上了新台阶。

可牛的“飞升”过程非常戏剧化。用形象的比喻是蚂蚁爬上了大象头顶，最先享受到了实惠。最大的实惠是花最少资源让全国网民把“可牛”这两个字牢牢记住了。借助腾讯的平台，让自己以“飞升”的速度扩充了用户量，提升了品牌价值，这在近年网络品牌发展史上是绝无仅有的。也就是由于快速品牌“飞升”让可牛得到一个质的飞跃机会，那就是被金山收归旗下。这对可牛来说毫无疑问是千载难逢的机会。

因为，虽然可牛借机会抢夺了客户获得了知名度，但这只是短暂的虚名，从长远来说，一个公司拥有核心竞争力和强大团队资源，建立可持续发展的平台才是重中之重。这个时候得到金山“赏识”，不仅提升了公司发展平台，也让可牛杀毒进入全国杀毒软件品牌一线行列。在获得巨大资金支持的同时又能卖个好价钱，真是一举数得。金山也不是傻瓜，借与可牛合作的机会也让品牌增值，增添了新鲜血液和新的运营方式，既不需要流失原来的收费老客户，又可以发展免费杀毒软件，借此对360形成新的抗衡能力。一个新的市场格局就这样形成了。

本来是为了争夺网络垄断权的大战，两个发展空间并不相同的网络企业，在经过了此次网络战役之后，均是竹篮打水一场空。坐山观虎斗的同行，却借此机会形成了网络市场上新的抗衡实力。从这一方面来讲，对腾讯也好，360也罢，都是一件后悔莫及的事情。一场网络战争结束，除了给两家网络巨头上了生动的一课之外，也给未来的网络发展和如何善待用户带来了新思维、新启迪。

从中国网络发展历史来看，这种群起而攻之的网络大战并非只此一次，早年间曾经爆发过门户网站之争。几家网站斗得你死我活，其中以搜狐和新浪为最甚，最后的结果怎么样呢？因为盲目扩张和互相争斗导致资金链紧张，网络泡沫破灭给各个企业都带来了不可磨灭的损害。

幸运的是搜狐和新浪因为多年品牌积累和具有凝聚力的团队都经受住了考验。经过十几年历练的中国网络，正在步入一个全新时代。未来将要遇到的挑战和机遇都很多，如何避免这种网络企业挟网民对对手进行攻击事件的发生，就需要一个逐步完善的行业规则和法律监督了。当网络的法治环境逐步改善之后，就会逐步将网络企业行为规范树立起来。

其实，一个行业发展靠的不是互相攻击获得市场，核心内容还是应该提升服务质量，以及核心技术不断升级。能够抓住用户的心才是行业的赢家。如果逼迫用户作出选择，其实最终是逼迫用户放弃你的服务。用户是本，抢占市场是末。如果本末倒置，最终受伤害的是企业自己！

第三章 国内企业巨头吃不到的海外利益

近些年来，我们国内很多企业开始逐步谋求海外发展之路，尤其是近几年由于欧美等国金融、经济出现问题，很多的百年企业都岌岌可危，我国企业趁此机会准备大展拳脚，或并购实体企业，或参股金融投资。但是，很多企业在海外的投资并不成功，甚至出现了血本无归的现象。尤其是国内非常著名的企业，在海外却频频折戟沉沙。本章将逐一分析一些较为典型的企业为什么总是出人意料失败，以及他们是如何应对的，我们又能从中学到什么……

第一节 中海油对“优尼科”的求婚与被拒

从2004年起，随着市场需求的不断增强，中国在石油供给方面的问题越来越受到重视。能源紧缺、市场需求各方压力纷至沓来。国际原油价格也在逐步攀升。当时我国原油进口量已经超过1亿吨。据国际权威资料显示，2004年世界石油消费量增长创1976年以来的新高。消费量增长了近250万桶/日，这是过去10年平均增长率的两倍多。全球石油生产也第一次超过了8000万桶/日。石油输出国组织的产量增加了220万桶/日，达到3290万桶/日。沙特阿拉伯的产量达到1060万桶/日，创历史新高。

在这种国际大背景下，我国石油企业就有了迫切“走出去”的要求。所以在2005年，中海油走出了第一步，有意收购优尼科。

优尼科是美国第九大石油公司，也是一家拥有百年资历的企业。在北美洲墨西哥湾、得克萨斯以及亚洲印度尼西亚、泰国、缅甸和孟加拉国等地都有石油、天然气开采项目。

有资料表明，截至2003年年底，优尼科石油和天然气生产总储量共计17.6亿桶油当量，其中50%位于远东。产量方面，远东占到该公司2003年石油和天然气生产总量的46%，海外其他地区占8%。该公司还向泰国提供天然气进行发电，并在印度尼西亚、菲律宾以及泰国拥有热电厂。但其时优尼科已经连年亏损，甚至向政府提出过破产保护。其企业规模相对较小，当时看来不会有太大收购阻力。

其实中海油对于优尼科的收购意向很早就有传闻，从2005年1月起，外媒就报道过中海油准备发出130亿美元收购要约，3月达成了意向并提交了“无约束力报价”。但4月初，美国第二大石油公司——雪佛龙提出了以164亿美元现金和股票并购优尼科，并达成了约束性收购协议。这样，雪佛龙占了先机。

在此期间，中海油一直是低调且非常慎重对待的，没有对外发布相关内容是否属实。直到6月初，中海油向香港联交所递交了一份公告，才第一次确定有考虑收购优尼科的方案。其实中海油一直保持低调，也是因为对此次收购案顾虑较多，其主要原因还是美国对石油企业被收购的政治敏感性。就在中海油公布了意向三天后，美国联邦委员会批准了雪佛龙的并购协议，机会正在一点点失去，这时已经不能再等了，因为雪佛龙只要通过反垄断法以及美国证券交易委员会审查，中海油就没有任何机会了。

于是6月23日，中海油终于宣布以每股67美元的价格，相当于185亿美元的价格，准备以全现金方式收购优尼科。如此优厚的条件，优尼科自然愿意接受，并宣布准备随时与中海油谈判。

当一切风向开始逆转的时候，美国政府进行施压。美国财政部部长斯诺表示如果中海油收购成功，将会从国家安全方面进行审查。6月29日，雪佛龙并购计划得到了美国证券交易委员会批准。巧合的是，就在第二天，众议院通过一项决议，对布什政府施压，要求对中海油收购优尼科的行为进行彻底审查。7月2日，中海油作出快速反应，向美国外资委提交通知，主动要求其对此次收购审查。7月7日，优尼科表示有条件考虑中海油的收购计划，条件是包括资产剥离要求和美国监管机构的其他要求。7月19日，雪佛龙迅速作出了反应，并把收购价提高到了171亿美元。

由于中海油认为自己的报价依然具有竞争力从而不再提高收购价。7月20日，优尼科就接受了雪佛龙加价后的收购价，并推荐给股东大会。这时候虽然压力重重，但也并非一点希望没有。不过最终还是政治压力让中海油彻底放弃。7月25日，美国参众两院投票决定中海油收购优尼科的计划必须先通过国土安全部、美国能源部和国防部120天关于能源安全方面对美国影响的审查。再经过美国外资委21天的研究，这样就使计划押后了141天之久。

如此一来，收购计划已经回天乏术。于是，8月2日，中海油撤回了收购计划，最终，中国首起对美国最大资金的并购案宣告失败。但颇令人玩味的是，中海油退出收购的消息传出后，纽约证券交易所中海油股票价格2日终盘上涨4.15美元，升至每股73.49美元，也就是说外界也并不看好此次中海油的收购。2005年8月19日，雪佛龙并购了优尼科公司，并因优尼科在东南亚的资源而成为世界上最大的地热能源商。

其实中海油收购计划之所以会失败，原因是多方面的。首先，是中海油自身的原因。开始有收购意向的时候，中海油并没有全力以赴。这样就拖长了并购时间跨度，让消息在美国政界扩散，吸引了政治家的注意力。其次，当雪佛龙有收购意向的时候，中海油没有占先机做更多准备工作夺取竞争优势，让雪佛龙在时间上有缓冲并做好准备。相对来说，中海油对在美国投资和参与并购事件的准备不足，没有做好政治应对，单纯地认为走程序即可。

另外，雪佛龙针对中海油并购采取的政治手段也令人始料未及。雪佛龙利用地利、人和优势，比中海油少出价十几亿美元竟能并购成功，不得不佩服其政治手段。

时过境迁，中海油的内部人员接受采访时曾经说过：“没有预估到，美国这个世界一流强国上百年来形成的极度自负、充满强烈荣誉感的民族主义自尊心确确实实受到了打击，美国国会和很多美国人对中国公司的收购表现极度的惊愕和恐惧。”从这句话中不难看出，其实即使已经过去一段时间，事后反思，中海油依然没有找到自己失败的原因。美国整体运作机制又岂是简单自负的民族荣誉感能够概括？

所以即使做好准备，最终决定胜局的也不止这些，而是美国对于外资投资方向控制以及整个国家的实体投资战略。在这种大背景下，失败也就不奇怪了。美国近些年来针对外资参与能源投资尤其敏感，特别是中国企业。

优尼科的价值并不在于其本国内石油业务，因为就中海油答应的条件看来，在美国的石油资源根本无法外运，也就不会产生所谓的能源安全问题。况且在人家土地上投资，所有规矩都是设定好了的，一举一动都会受到法律约束。所以美国这方面的顾虑只是表面现象。因为优尼科主要业务在远东地区，有极强的战略地位。一旦被中海油成功收购，就意味着中国企业成功打入了以印度及周边地区市场，并垄断其地热业务。后来雪佛龙能够成功垄断亚洲业务也就是靠这一步。中国能源企业业务拓展对美国垄断操控亚洲能源业务极为不利。如此例一开，势必将大大刺激中国能源类公司向海外拓展的速度，而石油能源又是美国特别重视的战略资源，所以特别敏感。

雪佛龙方面这么容易就利用政治攻势收购成功，最主要原因还是把企业和企业之间的并购行为逐步转化为政府和政府之间的博弈。一旦上升了层次，事情就无法逆转了。更重要的是此举可以让中国企业明白，想要做能源投资行不通。即使有这类投资，也不得在美国境内。即使境外，只要是美国势力范围内，也只能以加工面目出现，赚取微薄的加工费。近年来中石油在伊拉克投资就是一个例子，巨大的投资只换取少量加工费。

于是，当此路不通之后，我们的资金投资方向就只能向类似投行和投机为主的对冲基金类等金融机构挺进。随着美国次贷危机的蔓延，出现接连不断的投资失败也就不足为奇了。

第二节　保险业巨头快速海外扩张与缩水

2007年，正值国内股市最火之时，虽然经历了“5·30”但股市依然没有转向，尤其是“国”字号的大盘股。但是，相对而言，国际上却一直暗流涌动，关于次贷的影响也时隐时现。到了下半年，次贷影响逐步扩散，但大多数人并没有意识到，此次次贷危机会席卷全球并带来不可估量的损失。面对次贷危机的威胁，各大投行神经异常紧张，看似平静的市场似乎弥漫着一股异样的气息。随着暗流涌动，资金紧张现象开始出现。很多金融机构旗下业务和资产有意向出售。

在这种大环境下，中国平安保险看到了个中的机会，准备迈向国际市场大展拳脚。多番研究之后，富通集团及旗下业务成为中国平安的目标。在一系列秘而不宣的调查和接洽后，中国平安保险（集团）股份有限公司在2007年11月29日宣布斥资18.1亿欧元收购欧洲前15大金融机构之一富通集团4.18%的股权，成为其第一大股东。对已经危机四伏的富通集团来说，中国平安的加入无异于一根救命稻草。但当时中国平安雄心勃勃，并没意识到潜在的风险。中国平安购进股份的价格在当时似乎也是一个“抄底价”了。但这一抄底，却把自己抄在了楼顶，当然这是后话。

此消息一公布，平安H股开盘就大涨5%，一下子扭转了近半个月的颓势，盘中最高价达到过85.15港元，上涨接近9%。最终以83.2港元收盘，成交金额达29.293亿港元。从整个证券市场反应看，一方面对中国平安的收购行为没有预料，另一方面对中国平安收购富通集团这么大型国际金融机构也抱有信心。因为就中国平安当时的资本实力而言，有汇丰银行雄厚的国际背景做后盾，未来似乎可以寄望。中国平安自然更是信心满满。此时它其实还留有后招，准备扩大战果，打一场漂亮的收购战。

就在国内A股尚有余温时，中国平安2008年1月21日传出消息，拟公开增发不超过12亿股A股，发行不超过412亿元的可转换公司债券。以中国平安A股周五收盘价98.21元计算，增发A股筹集资金将达

1178.52 亿元，两项再融资总额将达 1591 亿元左右。近 1600 亿元融资计划不仅把尚有温度的 A 股打到了冰点，也让自身股价遭受重创，这是中国平安也没有估计到的。

连续两天中国平安的股价被打到了跌停板上，一个月以后，股东大会通过了该方案，又刺激 A 股大跌。从此，A 股进入了漫漫“熊”期。其实这事并不意外。首先，外界并不知道中国平安在收购富通集团成为单一大股东之后，还会继续对富通进行大动作。其次，即使知道了，当时国际、国内金融形势都有点山雨欲来之势，突然来 1600 亿元的扩容，市场情绪自然承受不住。

随着时间推移，舆论压力越来越大，计划也就拖下去了。融资计划虽然没有按照预定计划走，但是对于已经有了下一步计划的中国平安来说，一切都不能改变，因为中国平安根本就“不差钱”，一切都不能阻挡中国平安的国际化战略。于是就有了下一步的行动。

从不断增加持股富通集团，到提出增发后的 1 月 22 日，中国平安对富通持股比例已经由 4.18% 增至 4.99%，总对价也从 18.1 亿欧元增加到 21.1 亿欧元。两个月以后，也就是 2008 年 3 月 20 日，中国平安公告称：将以 21.5 亿欧元投资富通集团旗下富通投资管理公司 50% 股权。而交易完成后，中国平安将与富通银行成为富通投资的最大股东。

值得注意的是，在此次交易中分别担任平安和富通银行独家财务投资顾问的是摩根大通和美林。4 月初，富通年报中再次显示出中国平安的新动向，希望能持有富通银行 7% 股份，当然需要获得许可。可是慢慢的，次贷危机的连锁反应加大，到了 7 月初，中国平安对富通的投资累计浮亏已经达到了 100 亿左右人民币。

为了表示对富通的支持并稳定投资者信心，中国平安在 7 月 3 日发布澄清公告称，半年报不会对富通集团股票投资计提减值准备。到了 8 月，随着增发无望，加上国际形势的全面恶化，已经骑虎难下的中国平安只有继续持股，以 10 欧元/股的价格参与富通集团共计 80 亿元的筹资计划。而此时，在 3 月投资 21.5 亿欧元购买富通投资管理公司 50% 股权计划也不再提起。到了 2008 年的 10 月，中国平安再也扛不住了，于 10 月 5 日发布公告，决定在2008年第三季度财报中对富通集团股票投资进行一次性减值准备的会计处理，将截至9月30日投资富通所产生的约157亿元浮亏转入利润表中反映。同时，以21.5亿欧元的对价投资富通投资管理公司50%的股权交易在协商下宣布交易终止。

其时，中国平安对富通投资额已缩水至65.6亿元，浮亏扩大至172亿元。基本上等于宣判中国平安历时近一年的投资计划失败。而到了11月，随着富通内部问题不断出现和官司缠身，中国平安对富通投资累计浮亏损已经达到了200多亿元，最低时近239亿元的投资仅剩7亿元。只一年时间，投资几乎全军覆没。到了大半年后，富通股价才重回2欧元上方，而中国平安收购富通的平均成本是19.05欧元。

一场轰轰烈烈的海外并购，就这样以失败而告终。从整个事件来分析可以看到，中国平安失败的原因是多方面的。

第一，是对次贷危机的估计不足。当时次贷危机造成的影响逐步开始扩散，并由各个投行逐步扩散到各大银行。这一点普通百姓可以不在意，但是作为国内保险巨头，有强大的汇丰做后盾的中国平安为什么没有注意到呢？回过头来看，当时看似抄底的行为，几乎就是被套了个顶。

第二，过于信任担任投资顾问的摩根大通，根据它的研究，富通集团17年中，平均分红率超过6.5%。而就是这个数据让中国平安更加相信其未来的前景。但是却忽略了在投行当中最擅长的就是计算数字模型和利润的集合。在一些对冲基金中可以把很多的金融衍生品的对冲做得天衣无缝，按照他们的计算，理论上没有问题。但在次贷危机面前这些金融衍生品释放的风险也是不可估量的。所以对国际机构的过于信任，决定过于草率，也是收购失败的原因之一。另外，2007年11月富通正为次贷带来的资金问题周转忙得焦头烂额，如果在当时等一等、看一看，即使还会下注，成本也会降低。由此看，中国平安的贪功之心是罪魁祸首。

还有一些疑点，就是1993年中国平安保险公司吸收摩根·士丹利和高盛公司参股，而在2005年，汇丰银行出资81亿港币收购高盛、摩根手中9.91%的中国平安股权，让他们10年投资收益达数十倍。如此2007年以后中国平安的投资失败结果就让汇丰受损失，当次贷危机逐步消弭之后，高盛因在次贷期间做空曝光。高盛等公司总能很蹊跷地躲过灾祸。最有意思的是帮助中国平安做顾问公司的摩根大通，在次贷危机爆发前，出售了2006年和2007年初发放的大多数次级贷款资产最终成功地躲过次贷危机。中国平安却没有躲过。这就告诉我们，在进行国际性投资的时候，如果你自己本身不了解游戏规则，很容易吃大亏。

当次贷危机出现重重危机，还没有了解、研究国际形势以及对方企业的时候，就贸然出手，结果往往损失惨重。数百亿的损失和一年辛苦换来的，仅仅是对国际市场认知教训，这学费确实很贵。

第三节　中投投资出海吃了谁的迷魂药

中投全名“中国投资有限责任公司”，成立于2007年9月29日。是专门从事外汇投资管理的国有独资公司，注册资金2000亿美元。大家耳熟能详的“中央汇金”就是中投旗下的全资子公司。中投也是全球最大的主权财务基金之一，而其主要发挥的功能，是对外汇储备的投资和管理。

从中投成立的时间来看，正好是美国次贷危机开始逐步显露的时候。中投从成立之初，就进行了一系列的海外投资。之所以这么大踏步地向海外投资，除了为了发挥其投资管理的功能之外，其实还有其他原因。

2007年春天，我国的外汇储备已经超过了1.2万亿，并呈加速上升的态势，一方面国际压力日益增加，另一方面也需要合理使用外汇储备有效把外汇变做“资产”。于是，一艘巨大资产“航空母舰”就急匆匆地出海了。

中投第一个目标是“黑石”，中投尚未成立筹备阶段就已经有此意向了。为什么这么早就对“黑石”有如此大的兴趣呢？还是需要先介绍一下“黑石”。黑石（Blackstone），也就是黑石集团。据资料显示，它的主要业务是企业私募股权基金、房地产投资基金、对冲组合基金、夹层基金、高级债券基金、自营对冲基金和封闭式基金。到2007年其管理资产近900亿美元，年成长率为41%。如此高的成长率也就是中投看上它的原因之一。

除了丰厚回报的吸引力，还有另外一层关系。据当时黑石集团创办人之一董事长兼 CEO 史蒂夫．施瓦茨曼（StephenA. Schwarzman）向媒体介绍，黑石香港合伙人梁锦松，与北京官方一直保持着良好的关系。

梁锦松曾是香港特别行政区的前财政司司长，在做财政司司长之前就有着常年金融工作的经验，1974 年在花旗银行任职，1996 年到美国大通银行，2000 年经合并变更为摩根大通，梁锦松成为其亚太地区的主席。梁锦松为黑石和中投的合作起了桥梁的作用。对于中投来说，有着熟悉金融工作的香港前财务官员梁锦松居中进行协调，在海外投资往往就会便利和可靠得多。

有值得信任的人做“中间人”，又有这么好的赢利预期，不管是长期还是短期都会有不错的回报，加上黑石有庞大的资金做后盾更令人放心。于是，作为中投第一次投资的标志，“投石问路”就这么成行了。

中投于 2007 年 9 月 29 日挂牌，但投资黑石，却早在 4 个月前就开始运作了。2007 年 5 月 22 日，中投以 30 亿美元，每股 29. 605 美元的价格购买黑石 9. 99% 无投票权股份，并承诺四年不会卖出。也就是说既不能过问运作也不可以随便卖出。中投挂牌以后，国际经济形势发生变化。黑石在这四个月当中股票下跌了不少。从 6 月，黑石正式上市，9 月，黑石的股价就从发行时的每股 31 美元跌破了 22 美元，中投被套牢。随着次贷危机的不断扩大，黑石股价自然也一路下滑。到了 2008 年，黑石股价曾一度跌到 8 美元。中投 30 亿美元的投资浮亏超过了 20 亿美元。到了 2008 年的 10 月，为了能够降低损失 ，中投与黑石再签订协议，增持上限由 9. 99% 提至 12. 5% 。相对来说，总算是降低了成本。不过长期套牢已难以避免。

首战不利之后，任何投资人都会心有不甘，中投也不例外。到了 2007 年 12 月，次贷危机已经升级，国际经济体尤其是投资银行和商业银行都面临着重重危机。这时候，中投大胆作出了“抄底”的决定，斥巨资 56 亿美元投资摩根士丹利，购入其 9. 9% 的可转换股权债券，两年七个月后可转为普通股，转换价 48. 07 – 57. 68 美元。这单投资，又把中投带入了长期套牢中，到了 2010 年三季度，浮亏仍达 9 亿美元。屋漏偏逢连阴雨，2008 年，中投旗下分支机构 Stable Investment Corp 是美国货币市场基金 Reserve

Primary 的最大股东，持有资产超 50 亿美元，因净值跌破 1 美元每股，成为 14 年来第一只导致投资者亏损的货币市场基金，资金被冻结暂停赎回。而 Reserve Primary 在雷曼兄弟公司短期债券方面的投资是其主要损失。从中投成立，到次贷危机逐渐平息，如果算上被冻结资金，浮亏已达百亿美金。

从中投成立到 2011 年，公道地讲很多投资受次贷危机影响，有不可预知性。但有些问题并非这么简单，尤其是对“黑石”的投资。

首先，就是对类似对冲基金以及投行风险的认知不清楚。“黑石”本身是一个企业私募股权基金，又是对重组和基金，还自营对冲基金。这样的公司其实风险往往是非常高的。因为本身对冲一些金融衍生产品并进行打包，就会具有极高的产品风险，与做实业不同，产品本身的价值就像一个对赌的机器。虽然可以用彼此之间的产品对冲组合来降低风险，但杠杆的放大使风险也被放大了。平常没事倒还罢了，一旦经济有风吹草动就会出现大问题。其管理的资金不管有多少，也是建立在杠杆之上。就像后来的雷曼兄弟公司，“百年老店”都会倒台，更别说小小的“黑石”。作为一个以稳健投资著称的中投，实在是不应该忽视此中的风险。而很巧且颇具讽刺意味的是，“黑石”的创始人之一，彼得·彼得森也曾获邀加入雷曼兄弟公司，担任董事长兼联席 CEO。

其次就是“黑石”的作风，从“黑石”上市前的历史来看，并非那么光鲜亮丽。2006 年，黑石集团斥资 40 多亿美元收购了旅游服务公司美国有方。紧接着，该公司在两个月之内裁掉了 800 多名员工，约占员工总数的十分之一。之后有方借款 11 亿美元，以支付黑石集团及另一位合伙人的红利。这是典型的巧取豪夺以及短期套利行为。据华尔街日报报道，黑石集团和该合伙人在短短 7 个月内就收回了投资。单从这一件事就能够看到一丝狼的恶相。

除了中投的投资，黑石上市让施瓦茨曼和公司联合创始人彼得·彼得森一夜之间成为亿万富翁。之后“黑石”还借助中投的跳板在中国市场上引资募资及寻找项目积极投资。

借助中投的“东风”，黑石集团从 2007 年开始，入股蓝星集团、买入上海商务楼、打造寿光物流园。2009年10月31日，黑石集团在上海宣布成立百仕通（中国）股权投资管理公司，负责在浦东设立的首只地区性人民币基金——“中华发展投资基金”的管理工作，并引入上海陆家嘴金融开发公司成为该基金的首个投资人。

这个不少于50亿元人民币的基金，重点投资上海及辐射范围的长江三角洲。“黑石”，这个以对冲业务为主要赚钱手段的基金，让走出去的“中投”亏了大钱，但自己却借助中投走了进来赚大钱，其手段不可谓不高超。

而对中投的巨亏，梁锦松的解释是：“中投成立正好是在美国次贷危机之前，如果投资到其他市场是亏损的，投资A股也会亏。大的投资者不是要看市场是不是要‘抄底’，而是看这个公司长远的业绩是不是很好，作为一个投资者应以平常心去看。”然而到了次贷危机已经逐步平息的2010年三季度，中投对黑石投资的浮亏依然超过一半。

当再次回头来审视就会发现，中投又一次被套在了危机前的高峰，对于对冲基金的风险没有完全预料到。另外，就是对梁锦松过于信赖。虽然做过官，但当时的他已经是一个商人，因此在审视他游说的时候应该有一个客观标准。

值得注意的是，不管是对“黑石”还是摩根士丹利，他们对于股权购买时限的规定恰恰让中投无法在次贷危机来临时候作出应急反应。从这一系列投资可以看得出，对于投资对象历史了解和客观分析是非常重要的。

后来2011年东京电力让中投亏损，虽说也是意外事件，但是东京电力因为核电站曾经出现过多次危机，史料是能查得到的，如果仔细一点分析，应该也是有机会避免损失的。因此，任何随机发生的事情都有其必然性。而作为以“稳健投资”为主的中投，在面对未来投资的时候，如果不能够透过这些教训有所领悟和进步，那么在海外投资中“迷航”的事情，还会发生。

第四节　“中铝”和“力拓”“闪婚闪离”的利益纠葛

近年来随着我国基础建设的逐步扩大和房地产的兴起，导致了我国对金属类原料的需求大幅上升。由于矿产资源的战略地位非常重要，当我国需求大增的时候，国际矿石资源价格也在连年攀升。我国企业为了在挣扎中求生存，也在把目光投向海外。这时一个最震惊海内外的收购案诞生了，那就是中铝“闪电”收购了力拓，并且中铝还有进一步合作意向。但是随着合作进程的不断加深，最终以力拓单方毁约了事。这其中有很多扑朔迷离的疑点，是外人无法得知的。但是我们可以从收购案“闪婚”和“闪离”之间发生的已知事件逐步推导并得出结论。

2008 年 2 月 1 日，一条消息震惊国内外：中铝公司携美国铝业以 140.5 亿美元的价格闪电参股矿业巨头力拓英国公司 12% 股权。对老百姓来说，这条消息没什么。但对于中国企业来说，这个收购案却具有划时代的意义。因为这意味着一直被外国控制的矿产资源垄断权，将有机会慢慢被削弱。

力拓 1873 年成立于西班牙，1954 年出售了大部分西班牙的业务，1962 年出于对全球的战略着眼，力拓对国际一些具有影响力的矿业公司进行兼并。直到 2000 年收购澳大利亚北方矿业公司，终于形成了从勘探、开采到加工的完整体系。成为世界铁矿石的三巨头之一。此时力拓在澳洲资产占了很大比例。随着铁矿石的需求不断加强，三大铁矿石集团逐步开始形成垄断。

中铝海外收购之路其实是有准备的，尤其是 2008 年 2 月的成功参股。其间背景正好是中海油收购优尼科失败，中铝总结了中海油的教训。基于国际社会对矿石类企业的政治敏感度，所以在 2008 年 2 月并没有单独去参股力拓英国公司的股权，而是携手美国铝业一起参股。从其参股比例来看，很明显美国铝业就是个身份代表而已。其收购速度非常快，国际舆论和政治家们都没来得及反应就已经收购成功。和美国企业合作，也使美国本土对此次交易的阻力消于无形。事实证明，中铝的这个策略是非常成功的。虽然因为国际金融危机，在当时参股所花成本比半年后要高得多，但整个参股意义与中投投资的意义不同，此举对国内企业采购矿石的话语权起到了积极作用。

中铝参股力拓的时间点，恰好是另一矿石巨头必和必拓准备和力拓换股的关键时刻。中国铝业和美国铝业以 140.5 亿美元的价格收购力拓伦敦市场 12% 的股份，每股相当于 60 英镑，这意味着必和必拓提出以该公司 3:1比例和力拓公司换股方案无法实现，不得不提出高于中铝的价格——至少 4 股换 1 股的报价，才能匹配这一价格。

虽然价格较高，但中铝出手的时机恰到好处。参股力拓，对中铝极有帮助，无形中提高了自身在国际同业中的战略地位。除了美国铝业所占股份外，中铝实际上相当于拿到了 9% 的力拓股份。基于国际形势变化，能够以高价格参股已经是十分不易的事情了 。

随后的变化，形势逐步向着有利于中铝的方向发展。美国次贷危机演化成国际金融危机让力拓股价不断下跌。力拓也逐步陷入了一场债务危机中。力拓的 CEO 艾博年曾说，大宗商品价格暴跌和全球范围内需求急速下滑对力拓的业务、财务状况以及业绩造成不利影响。

力拓集团 2008 年息税、折旧及摊销前收入（EBITDA）达到 238.7 亿美元，同比增长 75%；收获基本赢利 110 亿美元 ，同比上涨 38%。净收入 36.76 亿美元，同比下降 50%。净资本支出达 85 亿美元，同比上涨 71%。就在力拓危机重重的时候，2008 年 11 月 25 日，必和必拓公司正式撤回了对力拓公司的并购方案。造成其撤销并购的原因依然是因为力拓的高负债率。

由于在之前力拓收购加拿大铝业，借了约 400 亿美元的高额债务，力拓本身的资产负债率已经上升到了 50% 以上。必和必拓负债率本身虽不高，但国际经济形势并不明朗，最终让必和必拓放弃了对力拓的并购行动。

这一系列变化中铝都看在了眼里 ，对于中铝来说，没有比这更好的时机了。因为力拓债务再高，股价再跌，其属下的矿产资源是不会长翅膀跑掉的。而此时股价大跌正好让中铝可以以较低成本购买力拓的股份。而必和必拓公司的放手加上力拓的债务危机，毫无疑问可以增加在谈判桌上的筹码。对中铝而言其国资背景具有独特融资渠道，资金不成问题。这千载难逢的机会可不能错过。

于是，中铝就下一步参股行动做准备并开始秘密接洽。2009 年 2 月 12 日，通过伦敦证券交易所和澳大利亚证券交易所发布联合公告，中铝公司与力拓集团签署战略合作协议，合作共投入 195 亿美元，其中约 72 亿美元用于认购力拓集团发行可转债，债券票面净利率为 9%。中铝公司可在转股期限内任何时候选择转股。转股后，中铝公司在力拓集团整体持股比例将由 9.3% 增至约 18%，其中持有力拓英国公司股份增至 19%，持有力拓澳大利亚公司股份 14.9%。不过，交易完成仍需要获得力拓集团股东和中国、澳大利亚、加拿大、美国等国监管机构的批准。

一切看起来都已经有了十足的把握，此次参股行动看起来已经有如探囊取物，不会再有什么太大的变化了。但事情并没有想象中的完美，在中铝再次参股消息公布之后，力拓一些股东出于国际战略意义对自身利益的考量，希望必和必拓公司能够收购力拓，因为它们合作会“更加理想”。

之后又有坏消息传来，澳大利亚外国投资审查委员会 16 日在澳洲证券交易所发布公告，将延长对中铝与力拓 195 亿美元交易的审查时间，在原定 30 天审查期基础上，再增加 90 天。眼看着中海油收购优尼科面临的问题又要出现在中铝的面前。不过与那次不同，力拓尚没有合适的参股者。

不过后来有了转机，此交易先后被澳大利亚竞争和消费者委员会、德国政府两部门通过。5 月，美国外国投资委员会也批准了此次行为。正当一切有步骤进行的时候，2009 年 6 月 5 日，中国铝业公司确认，力拓集团董事会已经撤销对 2009 年 2 月 12 日宣布双方战略合作交易的推荐，并将依据双方签署的合作与执行协议向中铝公司支付 1.95 亿美元“分手费”。近两亿美元“分手费”，却无法弥补中铝对未来战略部署计划改变带来的损失。

当舆论对中铝和力拓意外“闪离”感到意外之际，答案同时揭晓：必和必拓公司与力拓矿业公司决定在美国维多利亚州首府墨尔本合资建立新的铁矿石生产企业。必和必拓将向力拓支付58亿美元换取股权，建立新公司的协同效应为两家公司节省了100亿美元。力拓毁约的原因找到了。最终，这场原本以为会有突破的交易就这么快速“闪婚”又“闪离”了。而在力拓和必和必拓合作的同时，中国铁矿石谈判又一次陷入僵局……

中铝第二次参股交易失败，与中海油并购优尼科有相似的地方，但更加有被利用之嫌。对方利用中铝的诚意拖延自身危机应该是比较主要的原因。显示出对我国并购矿企依旧比较敏感。

不管怎么说，中铝要比中海油那次聪明得多。第一次闪电交易成功，利用的“曲线救国”方针还是很有效的。尤其是与美国铝业合作，是直接构成成功入股的最大原因。而中铝与美国铝业合作案例可以作为将来中国企业海外并购的一个提示。就是当日益严峻的国际形势以及各资源类企业并购对中国企业“严防死守”的今天，用一些合作方式间接控股也不失为一种不错的方案。

第二次失败，其实就有些透着必然。因为有了第一次闪电战的教训，第二次天时虽好，然地利、人和都已经失去。必和必拓公司与力拓偷偷合作，加上国家铁矿石谈判的大背景，中铝的二次收购就无法变得那么低调，也就引起政治方面的重视。一旦所谓调查介入，又借口延期，这个交易实际上已经机会不大了。谈判的时候，最忌讳就是时间的把握超期。当交易一旦被拖下去，就意味着手中筹码逐步散失掉了。

当然，中铝也很珍惜手中股份，总会及时补上资金保持自己的控股权不被摊薄。只是有一些值得注意，就是原本力拓的债务危机因为中铝此次交易延时才有了与必和必拓再次合作的筹码。从此中看，1.95亿分手费对力拓来说真的很划算。恐怕也就是因为这一层，才会有了力拓和必和必拓合作引发中国反垄断调查，不过那是后话了。

从此次交易失利中，中铝也应该学到了很多。在如今的国际形势下，矿产资源的战略储备和收购已经不再单纯是企业行为了。在参与国际间交易的时候，千万不能因为对方的资金实力而忽视了其可能“耍花招”的技术。我们自然可以让他们得到利益，但绝不能让对方以牺牲我们利益为前提。

第五节 TCL海外扩张噩梦与回归的救赎

TCL是大家比较熟悉的著名企业，1981年创立。20多年发展，让TCL形成了以王牌彩电为代表的家电、通信、信息、电工四大产品系列。

随着改革开放的进程不断深化，老百姓对家电需求量加大，到了20世纪90年代，TCL连续12年年增长率都超过50%，成为全国增长最快的工业制造企业之一。2001年，TCL集团销售总额达211亿元，出口创汇7.16亿美元，在全国电子信息百强企业中列第六，知名品牌中列第五。TCL逐步树立了行业地位。不过到了2003年前后，随着国际国内竞争环境发生变化，TCL也面临着各种挑战。

当时国内电子类品牌竞争非常激烈，尤其是国内彩电业竞争。其中高端电视销售份额也逐步升温，除TCL、海信、创维、康佳、长虹、海尔、厦华等本地品牌外，飞利浦、LG、松下、东芝、索尼、三星、日立等国外品牌也一直虎视眈眈。国内激烈的竞争环境让整个行业打起了价格战，行业利润逐步缩水。

与此同时，钢材、塑料、铜材等原材料价格却在不断飞涨。国内家电类产品利润空间已经非常之小。且彩电类的产品并非易耗品，产品生命周期长，国内市场需求开始接近于饱和状态。整个行业都备受煎熬。

面临的困难与挑战还远不止于此。国外对于彩电业的贸易壁垒和反倾销调查也开始加强。2003年，美国国际贸易委员会于6月16日对美国五河电子公司等三方诉中国彩电企业倾销案作出初裁，认定中国对美国彩电的出口对美国本土彩电业已造成“实质性侵害”。虽然7月美国商务部又圈定四川长虹、TCL、康佳、厦华4家彩电企业作为倾销幅度调查阶段中的单独调查对象。但整个行业的产品在国际市场受到排挤的大局已定。就是在这种国内外都面临严峻考验的情况下，让TCL萌动了彩电业“走出去”的战略构想，如果能够在海外并购企业，就可以绕过严苛的贸易壁垒并降低成本，让企业产品可以有计划地在海外发展，拓展发展空间。还有另外一个重要原因，就是TCL刚刚完成了股份制改革，对其领头人李东生来说，来自于上层行政方面的压力消减，也成为快速并购战略实行的原因之一。于是，TCL开始了海外扩张梦想的第一步。

从2002起到2004年，TCL集团接连并购了德国施奈德公司、法国汤姆逊公司彩电业务以及法国阿尔卡特公司手机业务。不过这种连续并购本身就冒着极大的风险，并让TCL逐步陷入泥潭，其中对TCL造成最大损害的还是与法国汤姆逊公司彩电业务的合资并购。这次并购甚至让TCL到2011年还要纠缠于巨额赔偿和扯不清的关系旋涡中。

2004年1月，TCL集团和法国汤姆逊公司通过共同出资成立TCL—汤姆逊电子有限公司（简称TTE）。用来重组双方彩电和DVD业务，TCL集团把其在中国内地、越南及德国所有彩电及DVD生产厂房、研发机构、销售网络等业务并入到合资公司中。

法国汤姆逊公司投入其所有位于墨西哥、波兰及泰国等地的彩电生产厂房、所有的DVD销售业务以及所有彩电和DVD研发中心。合资公司总资产达到4.7亿欧元，其中TCL拥有67%的股权，汤姆逊拥有33%的股权。

合并后公司彩电总销量将达到1800万台，从而一举成为全球最大规模的彩电企业。根据并购协议的规定，2005年8月，汤姆逊公司行使交换权，以其持有的33%股权交换TCL多媒体29.32%股份。于是，这家合资公司就成为TCL全资子公司。TCL完成了其彩电业全球化布局。

与此同时，TCL领头人李东生踌躇满志，喊出了“18个月扭亏为盈”的豪言壮语。没等消化完此次并购，2004年6月，集团旗下的TCL通信又急匆匆地与法国阿尔卡特合资组建TCL—阿尔卡特移动电话有限公司（简称T&A）。阿尔卡特以4500万欧元包括现金业务资产以及债权等注入新公司，占股比例为45%，TCL通信投入5500万欧元现金认购55%股权。与阿尔卡特不同，TCL拿出的是真金白银。但从运作开始到年底，短短4个月就亏损2.58亿港元。2005年透过换股，TCL通信全资拥有T&A。

对阿尔卡特来说，换股得来TCL通信4.76%的股权是个很划算的买卖。像汤姆逊公司一样，透过换股得来的上市公司TCL股份可以很快变现。而 TCL 则需要通过一年的时间用筹措大量现金的代价换得两家运作原本已经很有问题的公司。

汤姆逊和阿尔卡特虽然品牌比较响亮，但所并购的业务有太多是落后产能。当时，欧洲彩电市场正以前所未有的速度向平板电视过渡，但是汤姆逊公司在被 TCL 收购前主要出产仍然是体积臃肿的显像管电视机，这个问题一直困扰到 TCL 入主以后。后来虽然上了新的系统和技术，但因为原来的显像管工作系统没有变，导致后来产品质量出现重大失误。

阿尔卡特面临的问题就更多，除了技术方面的问题之外，还要面对诺基亚、摩托罗拉、三星和 LG 等全球著名品牌日益更新款式以及技术革新的冲击。如此一来，不管是汤姆逊还是阿尔卡特，在被收购以后也无法实现较快速的扭亏为盈，甚至要用更多资金来填补各方面的漏洞。造成 TCL 并购这两家企业之后，产量突飞猛进，收益却每况愈下。

数据资料显示，并购前 TCL2003 年净利润比上一年增长了 34%，达到人民币 5.706 亿元，并购后的 2004 年虽然实现利润 2.45 亿元，但同比下降 57.03%。2005 年 TCL 集团共实现收入 500 多亿元，亏损 3 亿多，2006 年年报则巨亏 19.32 亿元，净利润同比下降 503%。仅 TCL 负责彩电业务的控股子公司 TCL 多媒体欧洲区 2006 年就亏损 25.96 亿元，TCL 按比例亏损 10.06 亿元。如此巨大的亏损，让 TCL 面临的不仅仅是海外公司的危机，甚至波及到整个集团资金链条的运转。海外业务的大幅亏损，加上国内原材料的大幅增长，让 TCL 岌岌可危。

到了 2007 年，各方面的重重危机让李东生不得不面对 TCL 可能被强制退市的生死抉择。要么就抱着海外业务一起死，要么壮士断腕，收缩业务重整河山。李东生这次明智地选择了后者。

TCL 把从汤姆逊拿到的销售团队基本裁掉，关闭所有欧洲仓库，裁员 450 人，整个重组耗资 9000 万欧元，其中现金成本 4500 万欧元。2007 年 3 月，仅剩下 40 个人的欧洲业务中心开始运作，销售人员分散在欧洲，深圳总部统一提供财务、售后服务等后台支持，这样就逐步建立了一个简单有效的产业运作链条。

2007 年 9 月，TTE 欧洲地区终于停止了亏损。12 月，TCL 将电脑业务出售；同期，TCL 将低压电器有限公司出售。看似壮士断腕般惨烈，换回的却是 TCL 逐步拿回了主动权，大量现金回笼，让 TCL 有了更多精力挽回颓势。

随后新的运营模式展开，TCL 将欧洲彩电客户从 3000 个削减到 50 个。虽然减少，但其作用可一点没有减少。这 50 个当中前十五位客户采购量占据整个采购总量 80% 以上。直接降低了运营费用。并且对于行销国家进行了有计划的销售，集中进攻产品优势较强的国家，这样避免产品分散化运营，效率提高了一大截。整个产业链条整合，使产品从生产、运输到分销零售成本运营大大下降，灵活度大大提高。

在人才方面除了对国际化人才重点招募以及内部班底调整以外，增加了对中层干部的培养。加上股权激励以及对业务骨干奖励制度，TCL 风气为之一变，开始摆脱危机。

TCL 又对彩电核心竞争力进行有效的提高，2008 年 4 月，TCL 液晶模组项目在惠州破土动工，韩国三星作为其合作伙伴将为该项目提供液晶面板及相关的技术支持。后来又在全球推出了首款高清影像互动电视，它是 TCL 当时单款专利最多的产品，光电路方面专利就达 20 多项。

从此以后，TCL 大踏步赶上了自己与国内同行的竞争步伐。虽然受到了国际金融危机影响，但 2008 年年报显示，TCL 集团虽然营业总收入仅 384. 14 亿元，同比下降 1. 66%，但净利润却有大幅的上升，净利润 5. 01 亿元，同比增长 26. 60%。到 2010 年，TCL 公司实现营业收入 518. 7 亿元，其中销售收入 502. 53 亿元，同比增 长 17. 09%。同期，TCL 通信业务表现也非常强劲，期内实现营业收入 75. 55 亿元，同比增长 97. 73%，实现净利润 6. 11 亿元，全年手机及配件销量达 3622. 3 万台，同比增幅达 125%，海外市场销量为 3408. 3 万台，同比增幅达 155%。TCL 终于从危机中逐步走出来，并开始向一个键康的发展路径走去。

虽然已经时过境迁，但我们返回头来再看 TCL 并购之路时，可以学到很多。当年并购失败原因较多，不过最大的几个原因是以下几点。

第一，是好大喜功，海外扩张一连串蛇吞象般的行为成为日后尾大不掉的后患。

第二，当一连串并购意图出炉之时，公司前途往往会系于一人的决策之上。整个股东大会起不到相应作用，凸显了企业本身监督机制方面的漏洞和缺憾。

第三，对于海外公司架构组成、产业链条整合毫无准备。这基本是国内企业海外之旅的通病。后果往往是海外业务得不到好的改善，各个部门无法在一个良好的系统运行下工作，运营成本大幅攀升。

第四，在2004年前后一段时间，我国公司决策人都有一股向通用电气学习的风潮，但没准备好就急于模仿，只看到了通用电气的多元化发展，却忽略了其企业本身产业运行系统的建立。因此就把整个竞争力给做散了。

第五，审查不够细致，让外国企业把不良资产剥离转卖给我们，轻易换取我们的企业股权、现金。

第六，对国外企业品牌过于迷信，认为买下来工厂就等于把品牌买下了。

第七，过于自信，很多海外企业本身出售的时候已经问题一大堆，所以自然企业所在国家也不予干涉，甚至希望快点把包袱踢出去。我们企业过于相信自己处理这一系列问题的能力，所以最终导致自己陷入资金周转的泥潭。

第八，企业内没有建立一套好的国际化战略人才系统，从审查、并购到接手后的运作，没有任何的人力资源构建。

第九，太过急躁，很多事情看似很简单，认为只要并购过来就可以拓展海外的业务，却不知道急躁的并购不会比一步一个脚印自己慢慢拓展和建厂来得快。

总之，TCL的海外之旅，让自己变得更成熟了，就像凤凰涅槃，获得重生。虽然损失很大，但总算是亡羊补牢，犹未迟晚。

还有一个插曲是让TCL没有想到的，与汤姆逊合作后2006年到2007年进行重组，汤姆逊公司借机找到了漏洞把TCL告上了法庭并巨额索赔，且初审胜诉。法国南特商业法庭于2011年3月10日初审判决，要求TCL集团、TCL多媒体及其4家全资子公司向TTE欧洲公司的法定清盘人赔偿

2310 万欧元（约合人民币 2.11 亿元）。

虽然 TCL 表示上诉，但从此案件中再次看到，对于中国企业海外并购，海外公司往往会利用自己所在国家的法律优势进行一些无理榨取。“其恶如狼，其滑如狐”。另外，欧美国家对我国的一些企业并购依然比较敏感，能够“欣然”让我们收购的，要慎重考虑。

总之，海外之旅，先想好退路。

第六节　国内企业海外征战为何总是折戟沉沙

随着经济全球化的逐步推进，企业由国内走向国际已经是大趋势。但是在企业走向国际的时候，如果没有做好准备，盲目笃信“走出去”就能够发展好，就能够成为一个国际化大企业。这是明显的认识误区。

中国经济发展很快，改革开放以来成就了很多知名品牌，在国内也极具竞争力。但是这并不意味着在国内成功的经验照搬到国外就能管用。很多时候，我们的思维方式往往停留在过去的成功中。不管是国企还是民企，当我们企业打算走出去的时候，都有一个通病，就是好大喜功，对国际上的变化应对准备极不充分。

先来说说国企和央企一些海外之旅。从规模来讲，不管是中投、中国平安，还是中铝、中海油，都是全球数得上雄厚的企业。但是企业自身却比欧美国家企业缺少了完善的运作机制。他们出海时往往只看到机会，对投资风险完全没有预料，过于相信金融投行为主的投资顾问。在金融投行的立场，任务是让交易达成，这也是他收取顾问金的职责。但却无法保证他们不会利用一个个交易在金融市场上兴风作浪。本身这些顾问公司的背景就是与之有利益关系金融公司的同谋。这种前提下首先就要有自己应对突发事件的班底，而不是完全依赖投资顾问。

从中投投资“黑石”的个案中我们可以看到，“黑石”虽然所管理资金似乎很雄厚，但这种私募性质利用杠杆对冲的基金公司在美国可以说遍地都是，且风险也相当高。公司管理人上市后分别迅速套现 4.492 亿美元和18.8亿美元，公司财产逐步被个人瓜分，后来“黑石”官司缠身，也是因为隐瞒了公司的不良业绩。对于后来股价大跌，“黑石”掌门人清楚得很。

后来“黑石”走进中国，逐步由高风险高杠杆的金融投资基金，演化成了实业企业集团，此时，整件事才清晰起来。中投花巨资的海外投资，买了一个高风险高市值的公司，占股比例很低。被拖入泥潭不得不再出资罩着它，不罩着就等于前期投资白花了。继续投资最终的目标也只是“解套”而已。对“黑石”来说，换来的就不仅是老大哥罩着了，还借着这座桥梁到中国内地并购企业、投资地产。到2010年的8月，中投对黑石的投资浮亏仍旧达到61%，但是“黑石”在国内的投资赢利却在三年内翻了一倍。这不能不说是一个极大的讽刺。

我们对国外的一些资源类企业或者实业公司进行并购时，往往要花更多金钱，还不一定能收购成功。原因就是各国对于资源保护政策和对中国企业海外并购极具警惕性。除了政治的原因以外，其实最重要的是不想把手中的资源垄断权拱手相让。当他们企业遇到危机的时候，企业本身会想要利用中国企业迫切需要资源扩张的特点，或暗度陈仓，或者钻空子坑你一把。当地政府从中更会起到推波助澜的作用，制造障碍、装聋作哑。

中铝二次参股力拓就可以看出，力拓当时面临着巨大危机，单就其本身因扩张过快造成负债过高，加上国际金融危机的影响，已是岌岌可危。如果没有第三方援助，其可投资的吸引力已经不强，债务很可能被要求提前清还，结果或者破产重组，或者被分割出卖资产。而中铝的适时加入，不但让力拓赢得了谈判时间，还增加了谈判筹码。

一方面利用中铝，另一方面积极找别的谈判对象，最终使其奸计得逞。可怜忙活了几个月的中铝，彻彻底底被玩了一把。中海油并购优尼科更是受到了美国政府干预，一家规模并不大的优尼科都会有这么大的阻力，就是在警告我们，想要收购美国石油公司，门都没有。

国有企业由于政府背景加上雄厚的实力，往往“不差钱”。但“不差钱”不代表钱就可以随便打水漂。当企业海外投资的时候，往往就会被国外企业“盯上”加以利用，最后“赔了夫人又折兵”。对两种文化不同和资本运作风格的不熟悉也让我们吃了大亏。

我们总是相信海外企业在其本国内“遵纪守法”具有诚信，就理所当然认为他们对我们也会这样。但实际上是，在本国内不管怎么守规矩，一旦与我们接触，就变成了贪婪的狼，一定要在我们身上挖下一块肉去。因为欧美国家对本国企业要求严格，法制较完善，一旦作怪就会遭受巨大的成本损失。轻则倾家荡产，重则招来牢狱之灾。在这种大环境下，企业自然会非常恪守本分。但这些企业，来到其他国家的时候，就会露出贪婪的本性。在这种出海就面临不公平规则的前提下，加上有错误判断和不成熟的思想，自然要吃大亏。

再来说我们的制造型民企的海外之旅，从TCL收购汤姆逊、阿尔卡特，到联想并购IBM pc业务，其实都有共通之处。当一个个并购计划高调宣布之后，往往会受到业界的关注以及舆论的褒扬，内中苦果却往往是自己吞咽。

我们会发现，近年来制造型企业海外并购，其共同的特点首先是以蛇吞象的姿态出现。付出的往往是企业多年积蓄或巨额融资，进行并购时也是以让对方换股套现的形式出现，这样自然不会对对方有所牵制。就是因为对方毫无顾忌，收购过来的企业往往也是一些落后产能，或者是看似庞大但机构臃肿，需要大量后续资金和人才系统进行重新整合管理才行。一旦资金及人力资源网络没有马上跟到位，就会产生一个又一个的资金空洞。与国企不同，民企融资空间有限，生死往往就在一线之间。好在案例中TCL悬崖勒马并进行了大手笔改革，对人才系统也重新构建，海外机构大幅度削减，建立了有效的营销系统，所以才逐步转危为安。但现在看来仍是十分危险的，如果不是TCL拥有多年资金和品牌基础，很可能会连累整个集团倒下。

类似的行为还有很多，联想并购IBM的行动与TCL几乎如出一辙，带来的效果自然也就十分相近。同样都是买了一个庞大无比的“壳”，被这个庞然大物拖住了行动步伐。最终核心竞争力没有了，逐渐失去了市场。

TCL如果不是后来把主要精力拉回来与三星合作开发液晶模组重新掌控彩电业务核心竞争力，想要翻身也很难。所以，当企业意识到自身需要什么的时候，才是真正走向成功的时候。

因此，不管是国企还是民企，在走向国际之前，在国内就该有一套风险预警系统，这样，对海外战略扩展就会有的放矢。企业自身的投资监督非常重要。国内企业投资往往是最高领导拍板，下面执行，股东大会监督力没有得到体现。风险评估体系也完全没有建立。当一只没有任何防护的绵羊走出护栏之时，被恶狼盯上也就不奇怪了。

未来，可能会有更多的中国企业要走出去，但是不管要怎么出去，都要学会知己知彼！

第四章　产业恶意竞争是哪锅肉的老鼠屎

随着经济发展的不断深入，国内市场逐步出现了供大于求的情况。各个企业之间的竞争也就越来越激烈。但是近年来，行业地位竞争已经进入了白热化。企业之间除了正常竞争之外，有些已经出现了恶意竞争的局面。这种通过恶意竞争令对方蒙受损失的行为并没有让自己企业获得更好的收益，反而会让整个行业的信誉损失殆尽。到底什么才是企业长远发展之路，是不是只有这种恶性竞争才能令自己获得优势呢……

第一节　“奶粉性早熟事件”谁之过

2010年8月5日，《健康时报》报道了“武汉三名女婴性早熟”病例，后经调查发现，三名女婴的家长均称孩子曾食用过圣元优博婴幼儿奶粉，他们怀疑孩子性早熟和圣元奶粉有关。8月7日，圣元致媒体公开信否认奶粉在生产过程中加入激素。之后，全国多个地方均发现此类病例，所有嫌疑均直指圣元奶粉。经过了数天争论和卫生部的介入调查，2010年8月15日下午3点，卫生部召开新闻发布会表示，湖北3例婴幼儿单纯性乳房早发育与食用圣元优博婴幼儿奶粉没有关联。市场上抽检的圣元奶粉和其他婴幼儿奶粉激素含量没有异常。

虽然权威部门给予了正面的澄清，但该事件给圣元奶粉造成的负面影响却非常大。圣元的品牌形象、销量等损失超过20亿元。据权威媒体报道，在事件发生期间，北京、济南、海口、深圳、广州等地部分超市的圣元奶粉纷纷下架。

在美国纳斯达克主板上，圣元国际股价也出现“跳水”。圣元国际开盘时“低开低走”，最大跌幅35.44%。圣元的反应也很快，随即宣布设立1000万元专项慈善基金，在湖北、广州、北京、上海、重庆等地与专业科研和医疗机构合作，以普及科学喂养知识，减少“性早熟”病患。这么一来就把负面影响降到了最低。到这里事情应该结束了，但后来发生的一切，却把整个奶业恶性竞争的事实摆到了桌面上。

一份声称是来自中国最大的奶制品生产商伊利股份的内部信件被曝光在网络上，信件直指某乳业有组织、有预谋、有计划、有步骤地周密策划了“圣元奶粉性早熟事件”。两个月以后，也就是10月，网络和媒体流传另一乳业巨头高管因策划“圣元奶粉性早熟事件”被捕。传言还称，该乳品企业原本的目标是伊利。对此伊利方面说某企业确实有人被抓，原因就是该企业攻击“深海鱼油产品”，攻击了含有鱼油成分的伊利QQ星儿童奶。并称不知道内部信件的事，也不知此事与圣元奶粉事件有关。圣元奶粉方面表示，对网上的内容，圣元无法进行评论。事件原本要针对的是伊利旗下的QQ星儿童奶和婴儿奶粉，只是伊利“反应快速、判断准确、措施果断最终幸免于难，但圣元则深陷‘性早熟门’”。随后，该乳品企业专门公开澄清该公司从未有高管被捕，伊利则宣称还将公布新信息。

自此，本已渐渐平息的“圣元奶粉性早熟事件”再一次被人们热议了起来。也让大家反思，在事件从开始到终结，是否真有这样的抹黑事件？事件的真相到底是什么？只是随着时间的推移，事情慢慢地淡了下来。究竟孰是孰非，或许只有业内这几家公司知道。

虽然事件最后不了了之，但是不难发现，不管是谁在背后搞小动作，或者谁在诽谤，谁在故意传消息，从受害者圣元的讳莫如深，到某乳企高管被捕消息传出，之后伊利也被裹挟其中，各方虽未直接说出什么，但奶业恶性竞争却并非只此一次，各个公司之间的恩怨也并非一年两年。总结起来，有一个规律，那就是每当一个同行业的企业出现了什么问题，往往会出现诸多的负面传闻，并且说得有鼻子有眼有实例，仿佛传言内容是其亲自经历过的一样。

这样造成的后果往往也很严重，就是让事件推波助澜快速升级，而受害的企业往往忙于危机公关和事件处理自顾不暇，等事件过后自然是赶快平息负面影响最好，更不愿意再去深究。可是，这种恶性竞争影响的并非一个企业，当企业信誉受到侵害的时候，同行业也会受到牵连，最终造成了大家互相指责，整个行业出现信任危机。

以圣元奶粉事件为例，事情一出来，其在海外的股价就被狙击，之后狂跌。不但让公司市值受到影响，也让股东信心大打折扣，还让做空者狂赚一笔。奶粉出现的信任危机，波及了整个行业，所有国产奶粉都因此次事件或多或少受到了影响。

据调查，很多消费者因此选择出现了变化，购买欲望倾向于“洋”奶粉。一个企业被打击，连累的是整个行业受到牵连，三鹿事件就可以看得出来。一个事件可以把整个行业拉下马，除了企业本身对质量的自律不够之外，互相的恶性竞争及成本大战也容易让质量大打折扣。

事情虽然已经过去，留给同行业的竞争思考却是很深远的。从圣元奶粉被攻击事件开始，到爆出策划事件，再到后来的伊利参与进来。前后时间点的契合表明：不管孰是孰非，一场企业之间的互相较量已逐步升级。

我们再来回顾一下伊利的 QQ 星奶粉事件和圣元奶粉事件，最后乳企高管被抓的传闻散布，以及伊利“控诉”，不难看出其中的确有着极强的火药味儿。原因还是几大乳品企业的宿怨造成了事态的恶化。这些事件也确实让各个企业都蒙受了损失，而唯一获益的就是旁观的外资奶业集团。

第二节　奶业巨头的厮杀与掠夺

单就乳品企业来说，多年形成恩怨和竞争已是不争的事实，尤其是蒙牛和伊利。到底蒙牛和伊利为什么总是针锋相对，这就要从两家企业如何崛起开始说起了。这两家企业有着扯不断的渊源。蒙牛的创始人牛根生，原本是伊利高管，1998 年在伊利工作了 16 年的牛根生离开。第二年就成立了蒙牛，据说公司的很多管理人员就是原伊利的员工。这让伊利与蒙牛有了矛盾的基础，但这并不足以让这两家公司水火不容。

牛根生的厉害之处在于其雷厉风行的处事风格，并深深了解行业构架。短短几年，蒙牛就发展到与伊利并驾齐驱，自然是有其独特管理方式的。由于有着长时间在伊利并从底层干起的工作经验，让牛根生十分了解从生产到行政，再到营销的一切架构。他能够顺利挖走伊利的人才，其重要原因也在于自己原本在伊利的强大影响力。当拥有了坚实班底，剩下的必然就是产品竞争。这也就是两家企业后来矛盾不断激化的根本原因。

因为不管是从市场定位、营销体系还是产品竞争，出于对伊利的了解，蒙牛都会出台一些针锋相对的市场营销策略。毫无疑问，蒙牛的快速上位让伊利很头疼，因为蒙牛争取到的市场很可能就是伊利失去的市场，其成长速度之快更是出乎伊利的意料之外。

仅从一组数字就可见一斑：蒙牛 1999 年正式成立，第一年完成销售收入 4400 万元，这时在乳业排名 1116 位，第二年，也就是 2000 年完成 2.94 亿元销售额，排名晋升到第 11 位，2002 年完成 21 亿元销售额，这时已经成为行业第 4。

蒙牛发展如此迅速，当然不能完全依靠伊利原有策略，民营企业优势在于其灵活的体制，可以迅速根据市场来作出反应，随时调整战略。在蒙牛发展初期，国内奶业面临着两个难题，一个是利乐包牛奶保质期长但是较贵，过长的保质期也让消费者对牛奶的新鲜感存在疑虑；另一个是巴氏杀菌奶虽然比较新鲜，但保质期较短使其品质无法得到保证。

蒙牛利用这个时机推出了保鲜期仅 45 天的利乐枕牛奶，这种牛奶 45 天的保鲜期既保证了品质又不会因为保质时间过长而让消费者心里有疑虑，同时成本也降了下来。作为伊利也不是没有开发这种产品的机会，但出于国有企业的通病，往往顾虑较多，相对于牛根生的民营企业的灵活性也就差很多。

市场的反应足以证明了一切，这也就是为什么蒙牛能够在短短几年迅速发展起来的原因。在 2002 年蒙牛利乐枕就已经是全球销量第一。另外，蒙牛的营销手段是因势利导，借势宣传。不管是奥运申办，还是“非典”期间，蒙牛都加以利用。奥运捐款建立企业的形象，“非典”期间宣传把不利转为有利，甚至出现了航天专用奶，这些营销手段都帮助蒙牛以相对低的营销成本换来企业较高知名度和品牌形象。其产品针对客户群具体产品拓展也是非常重要的原因。针对高、中、低端客户进行产品品质阶层化分割，以及针对不同年龄客户所进行的细化产品拓展都非常有作用。

蒙牛酸酸乳品牌的成功推出，更是把蒙牛品牌形象推向了年轻化。该产品营销策略非常明确，就是针对年轻的时尚一族。其主要营销合作载体就是音乐。超级女声的火爆，让全国观众都认识了蒙牛酸酸乳。先是张含韵的清纯形象，再到超级女声们的青春活力，蒙牛从此与流行音乐融为一体，也让蒙牛与音乐风云榜联系在一起。这样令牛奶与时尚和青春的概念融入一起，塑造了品牌内涵。

蒙牛逐渐声名鹊起，伊利无法比拟的企业灵活性，让这个后起之秀直追伊利这个乳业老大。原本伊利并未太过在意，但随着市场竞争加剧，伊利开始产生了危机感。

但伊利其本身的优势也是一直存在的，作为乳业的元老级企业，伊利稳居乳业前茅也是具有其得天独厚条件和特殊营销策略的。相对于蒙牛，伊利有着更深厚的资金积累和行业基础，加上其国资背景，让伊利一直雄踞中国乳业的前列。它是全国首家奶业上市公司（1996 年上市），总资产约 20 多亿元，员工 1 万多人，拥有近百条生产线，设备世界一流。三类产品包括液态奶、冰激凌、奶粉。其中：液态奶、冰激凌产量均为全国第一，奶粉产量全国第三。2002 年销售收入 40 多亿元，2004 年销售收入 80 多亿，已成为名副其实的乳业龙头。

也就是说，在蒙牛扩张的几年中，伊利也没有闲着，且伊利产业覆盖更加宽泛，尤其是伊利奶粉和冰激凌方面，是蒙牛可望而不可即的市场。

如果说蒙牛的发展模式是跳跃式的，那么伊利的发展模式就是一步一个脚印慢慢做大。伊利营销能力的体现可以从其奶粉由弱到强开始。奶粉市场并不好争夺，在市场上伊利一直处于弱势，无法和国外的大品牌争夺天下，但在 2003 年以后，伊利快速发展并在奶粉市场上占据一席之地，就充分说明了伊利的过人之处。

伊利从开始的单一化产品 ，到有针对性对配方奶粉进行研发，让奶粉更加接近于母乳。又根据孩子不同阶段的成长细化研发配方奶粉，这样逐步就形成奶粉专业化的喂养方式。

产品的细化分配完成之后就是用营养的精确细化作为核心发布广告。之后与“天线宝宝”合作，更是夯实了奶粉品牌的精神基础。同蒙牛一样，在“非典”期间伊利也进行了一系列的品牌提升措施，由于“非典”流行，导致很多人在家无法出门。这个时候对电视的收视率自然也是极有帮助，伊利不但加强了电视营销手段，还适时增加了一些提高抵抗力概念的乳品广告，让那段时间品牌效应由不利转为有利……

随着时间的推移，蒙牛和伊利市场争夺矛盾愈发明显，不但在产品的客户群方面，在成本和争夺奶源方面也产生了诸多矛盾。于是逐步由企业之间的正常竞争演变为行业之间的大战，各个方面都在进入一场非良性循环之中。直到后来三鹿婴幼儿奶粉事件，把整个乳品行业都卷了进去。

第三节　上下游资源争夺战引发的行业大地震

2004 年起，由于光明乳业扩张过快，企业开始有计划地收缩战场，于是央视黄金强档位置广告争夺就变成了蒙牛与伊利之争。在意气正风发的蒙牛强大“牛劲 ”面前，最终伊利略逊一筹，被蒙牛抢走了“标王”。

这一年，伊利刚好完成了 MBO（Management Buy - Outs，管理者收购），也开始大展拳脚。首先，伊利爆出了自己的赢利数据，表明伊利已经稳坐行业老大，蒙牛也不示弱，紧接着也爆出数据，并宣称自己坐到了第二的位置。蒙牛老总频频出现于电视台颁奖典礼。伊利却因为蒙牛香港成功上市并募集 14 亿港币被压住了风头，之后 MBO 涉嫌挪用公款的丑闻被曝光，让伊利高管直接换了人马，必然也就影响到与蒙牛的竞争计划。

就这样，蒙牛在下游营销资源方面占了上风。这种营销资源“砸钱游戏”争夺，给公司资金链造成了一定的困扰，就像以前的白酒争夺战，秦池的倒塌就是前车之鉴。但一个个活生生的例子，并没有阻挡一个个“标王”的产生。

随着奶业竞争的日趋激烈以及新品牌的加入，导致了整个行业的奶资源相对供不应求。随后就是各大乳业的“奶源”争夺战。为了争夺奶源，各个厂家不惜扩大奶源收购的范围，源源不断地送往生产基地进行加工。这个时候对于收购牛奶的检验标准也就变得不再那么重要，隐患也就是这个时候埋下的。杀红了眼的乳业巨头们，在这时候想的完全都是怎么去争夺市场和争抢奶源，急功近利的心态逐步弥漫到全行业。

于是，一场前所未有的乳业浩劫到来了。这场浩劫不但让一个著名奶业品牌从此消失，也让整个行业都处在岌岌可危的边缘。

2008 年 6 月 28 日，兰州市解放军第一医院收治了首例“肾结石”患儿。其后短短两个月，此医院就收治了 14 名同类患儿。紧接着全国各地都陆续出现了此类病例，而他们的共同点就是都食用了“三鹿”乳制品。对“三鹿”乳制品产生质疑的负面病例，已经达到数百例。

很快，因为涉及病例太多，此事惊动了国务院。2008 年 9 月 13 日，国务院作出部署，启动国家重大食品安全事故一级响应成立领导小组，并展开调查。随着奶粉事件不断深入调查了解，奶源添加三聚氰胺的事件浮出水面。此后展开了全国乳业的大检查，虽然大多数产品经检查后确认安全，但蒙牛、伊利、光明的产品均检出三聚氰胺。检出的产品虽只占极少数，且含量不高，但全行业的诚信危机却已经造成。市场和消费者首次发挥出了强大威力，让整个奶业岌岌可危。

在此次事件中，“罪魁祸首”三鹿集团完全被诚信危机击倒。2008 年 12 月 30 日，石家庄的政府新闻办公室发布公告，三鹿集团进入破产程序。从第一例病例出现到破产，仅仅过去不到半年，庞大的三鹿集团轰然倒塌。

其他的奶业集团也都岌岌可危，为了全行业的生存，伊利、蒙牛、光明三大奶业集团以异乎寻常的速度聚在了一起，联合举行了新闻发布会。并同时每人喝了一杯牛奶，表示牛奶品质可靠。不过这个时候表态对全国的消费者来说，已经起不了什么作用，因为大家对整个奶业充满了不信任。

三家企业中尤以民营企业蒙牛面临的危机最大。因为民营企业最大的问题就是资金断链的紧张。它不像有国资背景的企业，出了资金问题银行可以作为强有力的支持，政府也不会坐视不管。所以蒙牛掌门人牛根生也就成了最难熬的人。在此期间他做了大量工作。第一项就是危机公关。牛根生反应很快，先在博客中发文："昨天，是乳制品行业最为可耻的日子""大品牌要负大责任 "。这时候，任何辩白都会被看做狡辩，所以这种自悔和道歉反而是一种不错的危机公关。

当然这远远不够。蒙牛为了抢夺失去的市场，在商场推出了买一赠一的活动，甚至在特定几天推出了买一赠二。当然这么做的目的一是避免了降价带来的负面反应，二是能够对重夺市场占有率起到积极的作用。

事实证明这么做是有效果的。伊利、光明两大集团虽然也推出了类似的营销补救手段，但还是让蒙牛抢占了先机。然而这远远不够，因为蒙牛面临的不仅是市场问题，还有资金问题。危机已经让蒙牛押给摩根士丹利的股份大幅缩水，濒临被恶意收购的危险边缘。

蒙牛在不断挽回损失的同时，一边向国内一些著名企业家求救并最终获得支持，终于挺过了这一关。

蒙牛遭受打击让牛根生了解到国资背景的重要性。于是，2009 年 7 月，中粮集团收购蒙牛 20% 的股份，这可以说总算让蒙牛找到了"家"的感觉，也避免了被外资收购的厄运。

虽然度过了危机，但三聚氰胺事件带来的损失无法估量。三大集团 2008 年全部由赢利转为亏损。2009 年 1 月，伊利公告称公司 2008 年年度报告中净利润将出现亏损。公司上年同期净利润亏损 2059. 91 万元，之后伊利没有免除被 ST 的厄运。从此一直在恢复元气。

蒙牛乳业 2008 年 12 月 23 日在港交所发布公告称，公司董事会初步估计，公司截至 2008 年 12 月 31 日财政年度可能有约人民币 9 亿元的亏损。光明乳业 2008 年 10 月 30 日公告，经财务部门初步测算，2008 年全年累计净利润将发生亏损，上年同期归属于上市公司股东的净利润为 21288. 06 万元。从开始到结束，还不算后续恢复阶段，整个奶业损失已经超过 200 多亿元。

一个庞大的牛奶产业，几乎差一点因为行业间的恶性竞争而垮掉。可见非良性产业竞争对整个产业之间的损害之大。而企业同行业为了争夺市场互相抹黑、互相指责的行为，不但不会帮助企业发展，反而会令消费者对整个行业的国内企业产生怀疑。在这么大的事件之后，仍然出现类似“圣元奶粉性早熟”的事件，让整个行业都受影响。如果企业还不知痛，那么失去的就不仅仅是道德，而是整个市场！

第四节　啤酒争霸之巨头并购

中国啤酒行业争斗已经持续了近 20 年，这近 20 年的竞争格局犹如一场古代战争。从开始的群雄并起、三足鼎立，再到如今的高手林立，经历了沧桑巨变。

从啤酒行业竞争当中可以看到，如果能审时度势，结合自己自身有序竞争，累积实力，则企业发展会越来越强，如果进入恶性竞争甚至为“抢地牌”盲目扩张，则很容易伤及自身。下面，我们就透过啤酒行业这十几年的巨变来分析企业巨头们曾经走过一条什么样的路。

20 世纪 90 年代，我国啤酒生产厂家曾达到数千家。就像是古代小诸侯国，虽然厂家众多，但能够有实力崛起的却并不多，只有其中几家企业逐步崭露头角。

第一家就是青岛啤酒。青岛啤酒是一家百年老厂，改革开放后虽然一直占据行业第一，但真正发展还是从 1993 年开始的。1993 年，青岛啤酒在 A 股和香港 H 股募集资金超过 15 亿元，并由此开始扩张之路。与青啤同时并起的还有燕京啤酒，在 1994 年以前，青啤还是全国第一，1995 年开始，燕京啤酒产量已经可以与青岛啤酒并驾齐驱。之后，燕京啤酒同样在 A 股与香港红筹股上市，总共募集资金 30 多亿元，这样就有了后来和青啤竞争的本钱。第三家是华润啤酒。与前两个企业相比，华润啤酒比较年轻，在当时也没有真正形成较大规模，且主要占据东北市场。可以说，从 20 世纪 90 年代末到 2001 年之间，基本上就是燕京与青啤之战。

在当时，啤酒行业基本都有一个共识，那就是啤酒行业正在从群雄逐鹿的小企业状态开始向产业巨头靠拢。就像是古代战争一样，谁占的地盘多，谁就可能是将来啤酒行业的老大。

于是青岛啤酒和燕京啤酒的扩张竞赛由此展开。燕京当时已经逐步打开华北市场，北京几乎是燕京啤酒的天下。并且为了阻挡青岛啤酒的扩张，燕京啤酒透过兼并和收购，在全国建立了几十个生产基地，开始对广东进行合围。

面对燕京啤酒的战略布局，当时青啤掌门人彭作义曾经说过“前有狼，后有虎，中间一群小老鼠，打完老鼠打老虎”，可见当时青岛啤酒已有全盘计划。青啤扩张比燕京锋芒毕露得多，其掌门人彭作义作风也像十足的将军，一上战场所向披靡。在并购步伐中，青岛啤酒南到广东北至东北，以沿海等经济发达地区为主线进行了全国性扩张。

短短几年内，青啤就收购了全国40多家啤酒厂。甚至把触角伸进了燕京啤酒的腹地——北京。继收购了上海嘉士伯之后，青岛啤酒连续收购北京五星啤酒厂和三环啤酒厂，直接威胁到了燕京啤酒的大本营。燕京啤酒大惊之下，也曾经想深入青啤的腹地——山东，甚至一度到青岛进行宣传。可是毕竟青啤有百年根基，加上运输难题和青岛人爱喝散啤的特点，燕京啤酒并未占多少便宜。但其在山东的布局，还是对青啤造成了一定的威胁。

与燕京争夺市场的同时，青啤对华润的进攻也逐步展开。2000年上半年，青岛啤酒成功并购原鞍山迈威啤酒厂，矛头直指华润所在的鞍山瑞德公司。华润也做好了准备，对批发商和零售商实行封闭式渠道管理，这一招确实奏效，没有让青啤占到便宜。但青啤绕过批发商直接送货到零售环节占有市场，并做了一连串的营销手段，逐渐赢得了年轻人的青睐。不过华润面临自己的家门之战也绝不会屈服，双方你来我往互有胜负……

这场并购战，让原本数千家中国啤酒企业，迅速缩小为100多家。种种迹象表明，青岛啤酒似乎占了上风，已成为行业老大。

这时，青岛啤酒还没有意识到，由于跟对手抢地盘式的竞争拉长了战线，逐渐把自己拉向了危险的边缘。此时意气风发的青啤掌门人彭作义，却并没有看到青啤未来的危机。

可能也是因为多年操劳，正当壮年的彭作义因为心脏病发作，过早离开了他多年经营的青岛啤酒。应该说，彭作义掌舵青啤的几年，青啤是有着巨大飞跃的。尤其是上任初期，企业赢利能力以及组织架构相对薄弱。在他的管理下，青啤有了质的飞跃。不过到了2000年，由于这种过快发展和过长的战线，青啤也逐渐出现了很多问题。掌门人的突然去世更是让青啤的未来风雨飘摇。

这个时候，新掌门人的出现和他的一系列措施，改变青啤的发展轨迹。

第五节　青啤战略的改变与三足鼎立的形成

由于青岛啤酒掌门人意外逝世，2001年8月，金志国临危受命。他的受命基本是由市场和企业发展自然选择的结果。在当时，有国资背景企业，一般要么是排资论辈上去的，要么由上级指派，可是青岛啤酒如果没有一个有魄力、有能力改革的领头人，是无法走出困境的。

这个时候，青啤把目光落在了只是一个总裁助理，分管北方、西北和华北市场的金志国身上。希望可以通过一个从基层做起，了解青啤企业运作，经过多年历练的人才带领青啤飞得更高。事实证明，他确实不负所望。

刚刚接手的青啤已是危机四伏。就像一个庞然大物但外强中干。由于连续的资产并购以及与同行的竞争，让青岛啤酒赢利能力大打折扣。未大幅并购前，青岛啤酒的整体设备使用率达到了98%以上，而在2001年前后，这个数值降到了60% ~70%之间。为了低成本扩张，青啤收购了大量破产企业，但由于设备机器及技术跟不上，造成了大量闲置。青啤净资产回报率更是下降惊人。虽然青啤的年产量从1996年的37万吨增长到2001年的250万吨（实际生产能力已经超过360万吨），但净资产回报率也从12%降到了3%左右。

由于回报率逐年下滑，香港股票市场立刻作出了反应，股价不断下滑。从1994年8元左右跌到了2001年的1元。2001年，虽然青啤市场占有率已经超过了11%，但赢利能力的持续下降尤其在中低端大众市场盈利能力的下滑，更是令人担忧。当年在低端市场亏损就达7000多万元。高负债率也在拖累着企业发展，在并购扩张最多的几年，青啤债务资产比率接近90%。每年赢利能力都萎缩到1亿元以内，但并购和扩张每年要付出近10亿元的代价。

这样，青啤每年支付的还款利息就高达1亿元。所以，2001年预期净利润是1.7亿元，而实际却只完成1亿元。金志国上任面临的就是这个庞大、低效并且资金紧张的青岛啤酒。

如何改变这一切呢？金志国上台之后进行了一系列大刀阔斧的改革。首先是整合网络平台。把原先青啤分别独立运行的行政和市场运作进行重新整合，在全国逐步形成了八个事业部，专门把青啤透过信息共享，统一分配市场订单和送货。另外成立了仓储调度中心，对全国市场区域的仓储进行了重新规划，仅青岛本部仓储面积就由原来的7万多平方米降到了3万平方米以下。产量在不断增加，但仓储成本反而减少了。然后就是物流的改革，把车队外包，与招商局合资并交由其管理进行专业化运输，这样一来，在一年节约成本1000万的同时，扩大了送货有效时间、辐射范围，300公里内可以喝到当天生产的啤酒，300公里以外可以喝到隔天的啤酒。不但节约了时间、人力资源、仓储空间、加快了流转速度，更为青岛啤酒一年节省了近5000万元的资金。

其次，就是优化产业组合和品牌重组，先在收购的四十多家企业当中，挑选那些赢利能力较好，整体运转健康的企业进行股份增持，而一些赢利能力较差的企业则相应进行了减持，这样就优化了产业结构，同时减轻了企业负担。

为了防止收购品牌过多造成市场重叠，青啤还进行了品牌重组，保留一些具有区域竞争优势的品牌，并强化了青啤国际品牌带来的附加值。青啤自2002年起减慢了收购步伐，进行全面增强核心竞争力的工作。

2002年到2003年间，青啤只收购了厦门银城股份有限公司及湖南华狮啤酒厂。2003年年报显示，该公司1~9月份纯利为2.599亿元，较上年同期增长11%。而主营业务收入62.36亿元，较上年同期增长9%。在金志国的领导下，青岛啤酒总算逐步走出了危机，并开始累积市场竞争力，真正由“大”变“强”了。

青岛啤酒战略逐步由全面进攻转向区域防守的同时，整个啤酒业格局也发生了重大变化。原本青啤与燕京双雄争霸的状态发生了改变，变成了青啤、燕京、华润三分天下的格局。

青啤忙于内部产业结构调整与整合的时候，燕京逐步展开攻势。2002年收购福建南安惠源啤酒厂，成立福建燕京啤酒有限公司。2003年7月27日，又斥资3.624亿元并购福建惠泉啤酒38.15%的股权，成为惠泉啤酒的第一大股东。

燕京南下扩张，让一直冷眼旁观的华润啤酒再也坐不住了。华润虽然具有华润集团和SAB两大巨头雄厚的资本支持，行为却一直比较低调。非常值得注意的是，虽然青啤、燕京几度扩张，但是一直没有真正打进东北市场。华润啤酒在不知不觉间悄悄控制了整个东北市场的局势。

另一方面，燕京在山东、湖南等地扩张并没有对北京本地发展提供真正的帮助，反而让它在2001年亏损5000多万元。这样一来，虽然燕京还是在扩张中，但实际上并无力去东北与华润争雄。华润在雄厚资金的支持下开始锋芒初显。

1993年底，华润正式接手原沈阳啤酒厂，成立沈阳华润雪花啤酒有限公司，也就是后来的雪花啤酒。1999年开始，在全国啤酒业扩张吞并的战旗之下，华润大连啤酒公司的市场占有率从15%升到了70%。而对手的占有率一直在萎缩。华润逐步对扩张市场兴趣大增。2001年4月，华润大连啤酒收购了规模大它数倍，年利润几千万的原大连棒棰岛啤酒厂。强大的收购行为让沈阳、吉林、大连三点有效连成了一线，巩固了东北市场，成为东北第一品牌。

华润的扩张与燕京和青岛啤酒不同的是，它是步步为营、稳扎稳打。虽然资金实力雄厚但并不盲目扩张。其战略往往就是先占领市场，再收购扩张。2000年在成都准备与当地另一品牌——蓝剑集团合作，但却谈判未果。于是，在一年的市场战略运营之下，华润逐步对蓝剑造成威胁，终于将之成功收购，从而建立了西南大本营。

与青啤、燕京全面收购扩张对比，华润的收购都是有备而来，并且对象都是大品牌。这样就避免了资金分散及盲目扩张可能带来的资金短缺问题，也不需要太多精力整合资源。如此一来，华润也就三分天下有其一，并且拥有最强资金背景，三足鼎立的形势也初步确立。

国内大形势确立之后，啤酒行业又发生了巨大变化，由抢地盘，变成了抢市场。与此同时，外资集团也逐步从幕后走向台前。

第六节　扩张与争夺市场的歧途

啤酒行业三足鼎立局势确立之后，竞争格局也发生了巨大改变。从地盘抢夺战转变为市场争夺战。这个时候，青啤摆脱了危机，燕京调整好了战略方向并巩固了地盘，华润也完成了基本布局。如此一来，三雄相争的局面就不可避免了。尤其是近年来，竞争愈加激烈。

先说燕京啤酒。相对而言，燕京啤酒扩张和收购的动作是属于由缓趋快的状态。尤其是当青啤调整战略，华润进行其独特整合的时候，自然是其巩固地盘和有计划扩张的最佳时刻。

由于跟青啤的争夺战，燕京也出现很多问题。但是毕竟战线没有青啤铺得那么长。所以与青啤相比，有利的地方是危机和挑战，青啤要严峻得多。弊端是有些非常有价值的区域性市场被青啤所控制。在抢夺市场方面，由于燕京过于注重在主战场与青啤争斗，忽略了发展具有区域竞争优势和青啤尚未控制的市场，也就导致了主战场没有讨到好，区域市场也没有占领到。所以，影响到整个市场格局的转变。

作了一些调整后，燕京成为扩张和并购最频繁的公司之一。其主动加快步伐，推行构建北京、广西、福建、湖北、内蒙古五大强势核心市场区域的战略。到2008年，其强势核心建设布局也基本完成，之后就逐步由各个核心点向四周发散辐射。

三足鼎立往往是此消彼长。在长时间韬光养晦之后，华润啤酒开始强势南下。这一步，不管是对燕京还是青啤，都是威胁。其强行进入的市场，往往也是青啤重视的市场，因此，相对青啤所受威胁更大。

形成这样被动的局面，也是因为青啤这些年更注重利润率，这一点本身是没错的。但是在竞争对手林立的中国，在一个地区销量下滑也就意味着整个区域逐步丧失控制权。虽然青啤在战略转型方面非常成功，但是由于过去扩张过速，也让青啤的市场占有率发生了不利变化。另外，青啤产业整合虽然取得了成绩，但是由于其过于强调品牌地位，让原本一些在市场较有地区竞争力的品牌消失了，这样就意味着品牌进入地方战场要重打锣鼓另开张，也就给了华润等品牌时间来占领市场。比如山东日照，青岛啤酒用旗下崂山啤酒代替被收购的汇泉啤酒，同时重新招募业务员打开日照市场。这样就为银麦和雪花啤酒占领市场留下了机会。在痛定思痛之后，青啤改变了策略，但此时想一下收复江山就没那么容易了。

再返回头说华润，由于其强大的资金及啤酒品牌的收购战略，让华润有足够筹码来跟青啤和燕京一争天下。从2002年开始，华润从多品牌发展逐步将重心转移到雪花啤酒品牌的重点打造，并赢得了年轻人市场，随后华润开始全面扩张，尤其跟青啤形成强力竞争。

截至2005年，华润雪花产销量高达158万吨，已经超过燕京和青啤，比2004年增长46%以上。并且，华润一改重点的品牌收购战，转向了同青啤当年类似的战略，对中小啤酒厂进行全面收购。不同的是，华润由于其资金优势，采取了收购和新建相结合的方式。2006年，华润分别以3.38亿元及8100万元代价收购浙江银燕啤酒有限公司100%的股权和安徽淮北相王啤酒有限责任公司的资产，完成了第43和第44家厂商的收购。

2009年以后，华润全面进攻山东市场，3月收购琥珀啤酒，正式启动山东市场，接着迅速投入巨资升级生产设备、引进先进酿造工艺，达到雪花啤酒全国生产统一标准，并快速投产雪花啤酒。同时加强对华东地区的扩展，2010年，仅浙江市场销量已经超过100万吨。

2010年11月29日，华润雪花以2.68亿元成功竞购杭州西湖啤酒45%股权及“西湖”等16件注册商标，进一步巩固了浙江市场销量第一的地位。华润雪花20万吨扩建项目也正式动工，以巩固市场布局。这时，华润雪花已经超越百威淡啤、喜力、科罗娜等国际品牌，成为世界年销量第一的啤酒品牌。其在中国大陆经营超过70家酒厂，连续6年稳居全国销量第一。

不过就利润率来说，由于华润加大扩张的原因，与青啤比起来相差了近一倍。另外，由于各个啤酒企业的轮番扩张，也加深了各厂商之间的矛盾。尤其是在市场和营销争夺战方面，甚至出现了很强的血腥味儿，让市场竞争的方向发生了偏差。矛盾主体也不光是这三家巨头，战火竟然烧到了整个产业。

2003年，安徽啤酒业恶性竞争不断升级，甚至出现争夺市场、血洒街头的暴力事件。在当年，安徽是全国啤酒业恶性竞争最突出的地区。业内人士比喻，安徽啤酒企业好像是赌徒，杀红了眼。竞争达到了明火执仗、拳脚相加、血洒街头的程度。其中尤以龙津集团和华润安徽两大啤酒龙头企业的竞争最为惨烈。

当时，华润安徽年产量20万吨，龙津年产量18万吨，华润安徽在全省市场占有18%～20%的份额，龙津略低。在市场争夺中，暴力事件屡屡发生，并且，市场出现低价倾销的事件，让很多厂商严重亏损。随着华润后来并购了龙津，争夺才逐步烟消云散。但很明显，华润的经济基础笃定了胜局。

2010年，燕京和雪花啤酒业务员发生互殴事件。此后，啤酒行业又出现了因自家酒瓶被对手收购灌装而影响销售的事件。恶性竞争事件层出不穷，甚至还有换酒风波，销售人员直接到终端销售点，用自家啤酒更换别家正在销售的啤酒。整个啤酒业的市场争夺搞得鸡飞狗跳。

啤酒行业由于常年的跑马圈地和恶性竞争，造成了大批的中小啤酒厂倒闭和被收购，很多地域性品牌从此消失。而大厂家除了对地方形成品牌垄断之外，互相竞争也逐步升级。争市场就很难避免剑走偏锋，不正当的竞争手段屡屡发生。

行业巨头因为这种扩张，也给自己的企业带来沉重的负担，比如青啤刚刚走出扩张的负面效应，就要面临新一轮的扩张入侵挑战。而华润呢，快速扩张也让自己的利润率不断下降。燕京的命运也类似，错误的竞争方针，强行与敌硬碰，也曾经让自己吃大亏。

其实，行业之间固然是种竞争关系，不过也不是不能和谐共处共谋发展。看一看德国的啤酒产业，除了大品牌之外，很多小品牌也展示着其非同凡响的魅力。大厂商走国际路线，小企业显地域特色。这样的强弱共存现象值得我们学习和深思。

啤酒产业如果最终只剩下一两家垄断经营企业，则既不利于整个产业发展，也会产生很多不公平现象。更会让很多有希望的小经济体消失，对产业发展不是好事。恶性竞争呢？也会让整个产业诚信受到质疑，实在得不偿失。因此，真正的良性循环需要企业去遵守，也需要制度来监督。

第七节　家电业的“格美”狙击战

近年来，随着科技不断发展，家电业竞争也日趋白热化。尤其是国外品牌在国内参与竞争，更让家电业竞争变得扑朔迷离，且火药味十足。其中有两家企业的竞争很有代表性。

随着业界争夺日益激烈，有两家公司的市场争夺战格外引人注目，就是美的和格力之争。美的是 1980 年成立，如今员工已超过 13 万。旗下包括十几个品牌，是一家十分具有竞争力的企业。2010 年三季度数据显示，美的达到销售 1000 亿元的经营业绩，十年间增长了 10 倍。其制冷类家电业务，刚好占领其整个集团发展的半壁江山。从其发展速度可以看得出美的属于进取型企业。

格力电器呢，和美的比较发展要晚一些，1985 年其前身成立，1991 年才成立格力电器，到 2001 年其产销量、销售收入、市场占有率却已稳居国内前列。2010 年，据其年报公布，公司实现营业总收入 608.07 亿元，同比增长 42.62%；实现净利润 42.76 亿元，同比增长 46.76%。值得注意的是其主要营业收入——空调收入达 551.09 亿元，占到了绝对主要的位置。

从两大集团发展我们可以看到，它们的主要营业收入很大一部分要靠制冷家电的贡献。其中空调类市场一直以来就竞争激烈，国内著名空调品牌也比较多，更不用说外资品牌了。仅市场占有率较高的国内企业就包括美的、格力、海尔、奥克斯、格兰仕、志高、海信、长虹等企业。

但与其他企业相比，这两家企业有很多相似之处。两家企业空调产品的生产规模比较接近，到2010年为止，其市场占有率也不分伯仲。两家公司由于其主要业务相近，面对主要市场和产品定位又差不多，所以就产生了针锋相对的竞争手法。虽然美的发展史较长，但就空调发展来说，格力空调还是走得更快些。

2008年8月份的半年报显示，格力空调销量增长21%，而美的则增长了14%。两家企业分别占领市场20%和18%的份额。2009年3月，格力与大金合资，推出G－Matrik技术直流变频空调。其时格力在售变频产品已经超过40款。但美的也不示弱，2008年9月1日，美的空调在全国30个城市一举推出五大系列20多款直流变频空调，高调宣布进入变频市场。2009年上半年，美的一度将变频空调市场份额快速拉高。到了2010年，美的变频空调销量突破400万台，市场份额达到35%，蝉联市场销量第一。美的后来者居上。虽然格力加强了其中央空调的市场比重，但对于美的进攻速度确是不能小觑。

权威数据显示，2007年，格力空调市场占有率是30.9%，2010年初是27.7%，而美的市场份额却从21.5%一下子增加到27.6%。2009年11月开始，美的在全国范围内发动了空调、冰箱、洗衣机三大品类一系列大型联合促销活动，此期间销售增长非常快。到了2010年年底美的已经成为第一。格力感觉到了前所未有的压力。但由于格力的专业化底子比较深厚，所以并没有明显劣势到2009年至2010年，两家的竞争形势逐步升级。

2010年5月19日，一场官司把矛盾从幕后拉到了前台。安徽新兴格力空调销售有限公司以涉嫌不正当竞争将合肥美的制冷产品销售有限公司告上合肥市中级人民法院。

事情起源还是要从2009年的10月黄金周促销开始。每一年的10月黄金周，都是各个厂家争夺市场的最佳时机。因为这个时候销售量和市场份额往往都会占到很大比重。据媒体报道，2009 年 10 月 2 日，在安徽省合肥、六安、阜阳等城市大型卖场，一张印有“格力空调品牌形象为何面临破产”、“格力空调爆炸伤亡惨重吓人”等内容的彩色单页被临时促销人员向群众散发。据安徽新兴格力空调销售有限公司高层称，在合肥家电卖场发放彩页的是艺校女生，身着印有“美的”标志银色太空服，“她们一手发放美的的传单，一手发放诋毁格力的内容。”

在此事件之前，格力和美的竞争已经频频出现火药味。甚至出现一家刚刚出了一种促销活动，第二家紧接着出相同口号促销活动的事件。2010 年春天，美的打出了“破格行动”广告和海报宣传页，推出“扫荡价”，而“格”字，恰恰就是用了格力的 LOGO 字体，“格”字成破裂状。

2009 年 3 月，格力空调在某媒体打出广告，称“3 天格力空调销售突破 15 万套，市场占比达 81%”、“空调专卖系统格力市场占比 97%”，被美的以涉嫌虚假宣传告上法庭，并败诉。因此，格力带着“新仇旧恨”把美的告上了法庭。而美的则早已做好准备，并称没有证据证明是美的所为。官司随着时间的推移并没有出现什么新的变化，而市场竞争格局并不会因为一场官司而改变。

但不管怎么说，市场竞争是残酷的。作为国内的家电生产商们，进行正当竞争无可厚非，只是这种互相诋毁，互相指责，甚至对簿公堂，最终并不会因为这些手段而改变消费者的意愿。家电行业尤其是家用空调市场开始逐渐饱和，只有那些具有竞争力和产品优势的企业才能脱颖而出。如果一个产品真的质量和服务都可靠，其核心技术也会不断提升，自然而然的就会占领上风。

虽然广告宣传很重要，但是如果这些宣传带有诋毁对方的意图，那么往往最后双方都受到伤害。由此案例最后可以看到，双方在争得你死我活的时候，海尔突然在这两年把失去的市场快速抢占了回来，市场营业额翻了一番。海尔销售量突然增长的时候，恰恰是美的和格力打得最凶的时候，这确实值得玩味。

第八节　产业恶意竞争的"老鼠屎"效应

市场竞争日益激烈，国内的企业互相争斗已经逐步达到了相对巅峰的状态，很多我们熟悉的国内企业不断争斗，甚至波及了消费者利益依然誓死不休。大有战国时代风起云涌的势头。

可现在真的是战国时代么？我们面临前所未有复杂的以经济战为主要手段的时代。企业负担加大，来自原料涨价、同行竞争、电力供应、税收繁重、汇率升值、银行利率不稳定、工资上调、外资巨头垄断等，诸多压力都在侵蚀和考验着我们年轻的民族产业。

有能力的企业在危急中思变。有的从自身找问题，有的则透过对竞争对手打击达到自己占领市场的目的。而透过暗箱操作手段达到自己目标的事情也层出不穷。尤其是市场环境变化导致某些企业一味追求业绩放弃了踏实、诚信的基本原则，追求短、平、快的手法牟取暴利，最终把市场越做越小，成为困死在小水潭的鱼。

近几年经济逐步被房地产等投机行业所绑架，民族产业面临着更多挑战。恶性竞争的商业模式便会愈演愈烈，直到波及到消费者的利益，打击消费者的信心之后形成恶性循环。

就像前面讲的几个事例。首先是由"圣元奶粉早熟事件"所牵出来的积怨多年的奶业竞争幕后大戏。这里面的是是非非或者到底是谁的责任，在这里不做过多的评判。需要说的是，从事件开始到结束，所有事件当事人作出的反应就是推诿责任。而像这样互相谩骂、互相指责、互相揭短的行为，我们近些年看得太多太多。而最终的结果呢？

笔者曾经做过调查，在该事件中认为某一品牌比另一品牌值得信任的只占30%，而认为所有品牌都降低了信任度的，竟然高达95%！也就是说，这种同行互相拆台互指黑幕带来的后果是，所有参与事件企业的商誉都或大或小受到了损失。而相同的，由于同行业竞争，在上游高价收购奶源，下游争抢市场份额以本伤人，并且不惜采取任何卑劣手段去达到目的的事件屡见不鲜。由此导致的最终恶劣后果就是使全行业产生了诚信危机，差一点把一代奶业王朝倾覆掉。

而和奶业有类似情况的还有农夫山泉、康师傅矿泉水等事件，这些让我们看到了商业竞争的残酷，也看到对整个行业信任危机所带来的负面效应。其实，在目前国内市场，这些企业要么是行业龙头，要么规模排名前列。如果关注自身产品，不断升级产品，逐步对消费者进行细化分类，不断生产特色针对性强的产品，要想在中国如此庞大的市场逐步做强是不难的。可企业却并没这么做。具讽刺意味的是众多的事例里，恶性竞争下出现的企业名单中，竟然鲜有外资出现。

举一个例子，我们众所周知的肯德基和麦当劳。这两家纯外资快餐式企业在中国竞争市场已经不是一两年的事情了，从20世纪开始，一直到现在，它们之间的竞争都是非常激烈的。而且很有意思的是，在每家麦当劳方圆一百米内，总能找到一家肯德基。即使竞争这么激烈，它们的商誉和生意不但没有受损，反而蒸蒸日上。

它们竟可以在针对客户如此细致、如此相似的产品结构下达到双赢，让人不得不钦佩。当然，外资也有垄断行为，也有恶意竞争行为。但我们可以发现，大部分都是针对我们纯中国式企业所做的。他们的垄断行为，早已超出了互相抹黑、互相谩骂的初级阶段，而是透过控制我们上下游产业链以及独特、科学的运作方式来进行长远规划。掌握产业链重要环节进行细化低成本运作竞争，不断打压本土企业，这才是行业垄断本质的可怕之处。最终，国内企业打来打去没结果反倒让外资占了便宜。

一位著名企业运作大师曾说过：任何一家跨国公司很可能都竞争不过一家本土的小企业，是因为本土企业往往有更多资源、成本、产业优势。可是，在现实情况下，这样的企业却越来越少了。虽然我们企业采取了很多针对性办法和非正常的手段，但并没有为民族企业创造出一批能够与世界巨头比拼的企业群体，尤其在国际市场争夺上，这一点值得深思。

所以，不管是什么产业，尤其是直接面对消费者的产业，靠着恶意竞争手段以本伤人，最终毁灭的不光是对手，很可能还会让整个产业甚至自己受损。看看国外，多少产业和知名品牌百年屹立不倒，其中不乏产业规模不大的企业。但是他们却可以在业界传承数百年时光。

由此看来，一个产业长足发展不一定非要论一时的短长，也不在于规模大小。更多还是靠发挥产品特色和独有的产品气息，更加专业化地提高自己，满足消费者需求才是重中之重！那些搞针对、动歪脑筋的竞争之术，不但不会帮助自己，还会让自己丢掉诚信，丢掉未来的发展空间。中国企业要形成产业突破，并走出国门与世界企业一争高下，不光要拼硬实力，更多的，是企业的内涵。

第五章 资源垄断性企业为啥“自己吃自己”

在经济发展中，有很多行业需要由国家经营或者特许经营，目的是为了国家政治、经济的稳定与发展，所以就会由一些特许经营的企业或者部门来掌握。但是在这个过程中，有些企业倚仗自己特许经营特殊资源的垄断性，往往会做出不利于经济发展的事情来。有些企业甚至为了眼前的垄断利益而放弃了长远的发展战略，在发展过程中缺乏监督导致漏洞百出反而抑制了产业发展。虽然近些年我国也在努力遏制出现这一类的垄断事件，但是很多问题还是无法解决。到底这种资源垄断的行业出现了哪些问题？造成了怎样的影响？又该如何面对和解决呢……

第一节 石油产业垄断玩弄的产业格局

在任何国家，石油都是一种极为重要的战略储备资源。信息化时代，石油已经成为每个国家和地区都不可或缺的能源。虽说近年各国和地区都在大力发展新能源，但还没有一种东西能够完全取代石油。大到国家小到百姓，谁都离不开它。

改革开放以后，为了适应市场化进程，并保证有稳定市场供给和稳定的质量，形成了从勘探采集到批发零售、进出口等多项贸易为一体的石化巨头。它们的存在本意是当国际石油价格形势发生变化时，能作出相应调整来应对。所以，虽然它们是处于垄断性行业的绝对霸主，但作为国家重要能源储备的载体，它们有战略调控阀作用的义务和责任。可是近些年来，由于从开采到批发零售，加上进出口等方面的核准使它们拥有绝对垄断权，由垄断引起的各种不良反应逐步呈现出来。

石油和石化及近年崛起的海油几家企业，原本作为同类产品的公司，应该形成一种竞争格局，就像麦当劳和肯德基一样。因为是竞争对手，为了赢得更多的客户，需要服务更好，价格更实惠。但是实际上却并没有形成这种机制。因为同时对石油行业拥有话语权，它们不约而同形成了强大的垄断联盟，无形中对经济成本造成了压力。

企业由于长期的垄断身份，自身的监管机制缺乏，容易产生对内自大和对外无知的弊端。因此，当国内垄断油企面对国际市场的复杂变化时，对仔细分析、深入市场调研、学习国际金融市场和石油业的关联方面还有很多欠缺，没有用长远的战略眼光看问题，有时会用简单和短视行为应对国际市场的局面。

翻开近十年的数据来看一下，几个时间点的石油进出口变化十分耐人寻味。第一次是在2000年，国际原油价格一路飙涨。而与此同时，我国进口的原油和同类产品也在大幅攀升，而据权威数据称，当年国际石油攀升达60%以上。然而就是在如此的高点时，原油进口达到了7000多万吨，比上一年的进口量翻了近一倍。后来在2003年、2007年，国际原油价格不断的拉高，同时进口也大幅攀升，不知觉间不断“追涨”。

与“追涨”相比，油企“杀跌”情况也经常出现。1999年国际原油下跌，我国原油进口减少40%。2001年国家原油价格一路下跌，但我们的进口量也相应的比上一年下跌14%。2010年的7、8、9月份，国家原油价格大跌，石化巨头因为对下跌的恐慌而扩大出口，甚至出口价格更低的情况也出现了。后来著名的“柴油荒”调配不足，也与其有一定关联。从历年进出口和国家原油价格的“配合”表现看，油企缺乏长期战略性眼光，每一次应对相对草率，所以“追涨杀跌”无形中给两家公司，甚至给整个行业带来了更高成本。这种国际原油一涨就赶快进口，一跌就大量出口的情况之所以会出现，一方面原因是基于不健康心态，对国际价格变化产生恐慌，怕连续上涨或下跌。另一方面有外汇和国家补贴的诱惑，造成应对国际变化时本身心态的不健康。

石油企业对国际金融市场总是有异乎寻常的期盼，先想到的是上市集资，对上市后资金用途、国际市场规则认知等准备不足。曾经全球市值最高让油企欢欣鼓舞，到底利弊如何却从未估量。在美国上市，却当做在国内A股市场一样只注重融资，最终吃了大亏。

在国内堪称霸主的油企，在美国上市以后，只融得20多亿美元，累计分红却高达120多亿美金。一家本应为中国老百姓谋福祉的国有企业，却因为遵循美国股市规则而不得不把在中国运营赚取的利润分给了美国老百姓，这是企业的悲哀。

反观国内，同样企业在A股上市，在股市圈了一笔巨额资金之后，对于股民的利益，则没有得到体现。小股民一路持票看着股票从48块跌到9块钱。一个企业在同样的资本市场得到和失去的截然相反，真是发人深省。也就是内外不同的待遇反差，才会出现垄断油企对内外有不同定价机制的怪现象。

国际进出口交易当中损失惨重的同时，国内成品油价格也在不断上涨，很明显是垄断企业一种成本转移的自然选择。从近年实例看，油企总是强调受国际原油价格影响，因此要加价。但实际上却并非如此。近些年来，国际原油价格涨跌幅度都很大，可是国内的油价却是涨三步，跌半步。有时甚至国际油价狂跌时企业竟然还要求涨价。就以实际例子为证：当前两年国际原油价格为147美元一桶的时候，国内成品油是每升6.23元，而到2010年底每桶原油国际价格在80美元左右，国内成品油已经突破每升7元。

每次油价上升时总是非常顺利和迅速，而每次跌的时候，却总是异常的磨蹭。且降低的幅度远远无法和上涨相提并论。2011年3月到4月间仅仅十几天就两次汽油大幅度涨价。国内汽油价格较进口平均价高出123%，柴油价格高出57%。

造成这种现象的另一个原因是定价机制的问题。根据现行的定价机制，国际油价连续22个工作日，日均涨幅或跌幅超过4%，就应考虑对国内成品油价格进行调整，以使成品油价格能够更真实、更灵敏地反映市场供求关系，促进资源合理利用与公平竞争。

这种定价机制看似公平合理，但实际上却是造成油价快涨慢跌的主要因素之一。举个例子，假定当前国际原油价格是每桶 100 美元，当价格连续上涨 4 美元时，涨幅达到 4%，即可调价。但当油价从 104 美元回落至 100 美元时，跌幅却仅有 3.85%，不符合下调条件。另外，国际油价普遍的特点是涨慢跌快。也就是说，当价格一路快速下跌时，却因为没有达到“连续 22 天”标准不能下调，但没等到“22 天”价格必然要有变化，一有变化，“22 天”的观察期又要重新计算。所以正是这种给下调制造“麻烦”的规则，让油价顺理成章地上涨。

从表面上看价格的调整并不关油企的事，实际上正是由于油企的垄断地位和缺乏监督，才会出现这种定价不公平的现象。虽然油企拥有了绝对垄断权，但是它们却并没有停止产业扩张。当垄断企业感觉到某些相关产业发展有利可图时，自然就会利用自己的垄断地位对其他此行业企业进行打压以及趁机扩张。

据报道，从 1998 年油气巨头确立自己的地位并且拥有专属权开始到 2007 年，全国的民营石油批发企业从原来的 3000 多家锐减到只有 600 多家。在两家公司成立前，民企不断进入产生了激烈竞争，因此油价也就不断下跌。当然由此也引发了一些恶性竞争的问题导致质量无法保证的现象，不过正是由于市场的供需原理才造就了当时的市场价格。

油气垄断形成后，垄断地位不断提高，过高的市场地位造成一些地区成品油出现了质量问题。2011 年 4 月，河北省车用汽油抽查就有三成不合格，其中很大一部分公司都是中石油的分公司。主要是添加了氧化物，这种氧化物成本低，但是会对驾驶员和汽车造成损害。另外 2011 年 5 月，中石化湖南汽油曝出质量问题，据传过万辆汽车因为不合格汽油受到了损害。2011 年 5 月石油巨头们季报业绩非常亮丽，但它们依然在醒目位置告知：旗下炼油企业亏损。报告显示，一季度中石油炼油亏损 61.42 亿元，中石化亏损 5.76 亿元。但另一方面两大集团整体赢利，一季度中石油净利润 370 亿元，同比增长 13.9%，中石化则净赚 205 亿元，同比增长 24.49%，不管石油巨头怎么赚钱，其炼油企业亏损都成为要求减免消费税的借口。

到目前为止，我国的油价比发达国家高三分之一。虽然说近年开始，中海油开始逐步进入市场，并合作建立零售点，但依然不会改变垄断格局，因为同样垄断条件下新加入的企业只会更加配合旧规则。也就是因为拥有垄断权，才形成了目前的石油产业布局。如此一来，这几年形成的“柴油荒”、“气荒”的格局也就顺理成章。

2010年第四季度，又一场“油荒”出现了。这一次，是“柴油荒”。何等熟悉的场面，曾经浮现在我们的面前。这一次，国内油企面对广大社会舆论的质疑，又给出了六个理由：一是国际原油价格居高不下；二是我国资源需求发生变化；三是进入柴油消费需求旺季；四是由于国内部分炼厂设备8月和9月需要检修，以致供应减少；五是因地方政府拉闸限电导致小型柴油发电机的需求大增；六是所谓的民资炒作。

这里面的问题就多了。有趣的是每次出现油荒的时间点之前都是因为国际油价开始大跌，油企反而低价加大出口，导致库存减少。所谓资源需求变化和旺季其实讲的都是所谓供不应求，既然供不应求，为什么还要加大低价出口？并且国内油企实际库容量远远高于市场需求。明知旺季会出现还会无法调配。拉闸限电和民资炒作就更无法站住脚了。拉闸限电的几个地区非常有限，而油企本身就有绝对垄断权，怎么会让民资去坐庄？所以，从“柴油荒”事件可以看到，同类事件还会持续发生。

再来看一下以前的几次实例。2005年7月至8月，一场史无前例的“油荒”事件从华南开始蔓延，整个珠江三角洲地区几乎因缺油而陷入瘫痪。随处可见数百米的长龙排队加油，开始还限量供应，最后所有的加油站再也买不到一滴油。不管是公车、私车还是公交，所有的车都“趴”在了路上。加油站的工人也都放了大假。有的车为了加油在不同的加油站排队，加了一天还是没加满，因为每个加油站只限加10升，有的油箱里混着90号、93号、97号的油被戏称93.333号油。

广东省政府部门在8月15日宣布三天内“油荒”缓解，因为石油公司多次宣布“紧急增调油品供应广东市场，‘油荒’在未来几天可望缓解”，但“油荒”依然继续蔓延，百姓对其信任度大减，也对其“台风造成油品运输困难”的理由难以接受。因为在广东等沿海城市台风每年都会刮几十次，为什么单单这次会造成如此大的影响？许多地方的媒体也报道称：“因为国内油品寡头们要求再次升高油价没获得批准，人为地制造供应紧张，用来要挟国家有关部门。”还有媒体称此次华南“油荒”是“有组织有计划的”，挟持消费者，用来增加与国家发改委谈判的筹码。

由此可见，如此肆无忌惮的垄断手段，已经到了毫无顾忌的程度。这些事件除了可以要挟涨价之外，也让下游的加工企业和批零企业有苦难言，据媒体披露，很多加工企业用高价购买，但是合同却依然是在发改委价格规定之内，如此明修栈道、暗度陈仓的事件基本成了潜规则。

垄断手段往往会获得完胜。媒体披露，每次油荒之后，都会有大批的民营加油站被石油巨头收购或者成为其加盟店。2005 年“油荒”事件时，广州 70% 以上加油站全部变成了石油巨头的下属企业。一方面要挟涨价，另一方面胁迫加工企业高额购油，顺便可以完成对整个下游批发零售点全面垄断收购。可以说做得确实“漂亮”

2011 年 4 月“油荒”旺季还没有到，全国的众多民营加油站已经断供，市场上多年一直存在的 90 号汽油也难觅踪迹，原因就是批零倒挂非常严重。据报道，在全国大部分地区因为两大公司和市场上成品油批零几乎同价，民营加油站进油几乎无利可图，实际上也无油可进。在民营企业被逼倒闭的同时，2010 年年底，仅山东地区，中石化就收购了 38 家民营加油站。

再回到 2010 年四季度，国际原油价格连续下跌，油企继续扩大出口之后，国际原油价格开始回升，石油巨头利润又失衡了，“巧合的”新一轮“柴油荒”再次上演。2010 年 10 月开始，全国的多个省市出现“柴油荒”，不仅陆地缺油，甚至水路的运输也出现了缺油现象。开始是在江浙一带湖南等地出现，没过几天就已经扩散到重点城市和地区，紧接着向全国扩散。

首先停止供油的，自然还是可怜的民营加油站，之后其他加油站也开始逐步限购，而加油站的日子尤其是民营加油站简直到了走投无路的境地，批发价比零售价贵近每吨 400 元，只要进货就会亏损成为民营企业的伤痛。到后来连这样的价格也批发不到了。

据权威调查数据显示，仅中国南部就有2000多家民营加油站因无油停业。虽说局部地区有拉闸限电，导致使用小发电机加大柴油需求的现象，但是能够将全国柴油一夜之间变得没地方能买得到，石油巨头的嫌疑实在难以洗清。最有意思的是，国家发改委终于忍不住出手披露了囤积柴油高价销售的公司名单。出现在这个名单当中的企业，竟然大部分就是这些石油巨头的分公司。可以想见，在全国这种事情绝不止这一件，而国家发改委披露也只是为起到一个敲山震虎的作用，但却无法改变“油荒”蔓延的现实。

石油产业已经遍布我们的经济生活，除了成品油以外，只要是有关化工产品，都离不开石油。也就是说，石油价格对于诸多产业的成本有着非常大的关联性。石油价格不是不能涨，而是需要能够按照市场的供需条件来定价。这种垄断企业胁迫出来的定价机制，就成为拉高经济成本的必然因素。

第二节　电信业垄断争夺战的产业裂变

电信行业问题存在已久，人们谈论起话题的时候，总把油企和电信行业放在一起说，在强大的资源垄断面前，普通消费者只是弱势群体。当初，政府部门为了体现公平的市场化竞争，避免垄断带来高成本低效率并导向更专业化。把原来的中国电信分割成五个不同经营主体的公司，就是电信、网通、联通、移动和铁通。

之后因为电信业务发展失衡，有垄断的趋势。于是2008年电信业务开始重组，五家公司合并为三家，就是现在的电信、联通跟移动。其业务重新分配，中国联通和中国网通合并为新的中国联通；原中国联通C网剥离给中国电信；铁通并入中国移动。这样看起来就是三雄并立，互相牵制，合理竞争。但三年多过去了，很多问题仍然无法解决，消费者依然弱势并无法拥有话语权。电信业发展也没有设想的那样均衡发展、合理竞争。反而出现了很多垄断经营以及藐视消费者权益的行为……

中国移动能成为目前为止电信行业赢利最丰厚、用户规模最为庞大的企业绝非偶然。其具有比其他电信企业更强的竞争优势。

首先，手机业务技术平台非常重要。移动能够占得先机其稳定的网络接收系统是吸引众多手机用户的大前提。手机业务普及化那几年，大部分人考虑第一要点就是手机接收信号是否稳定可靠。中国移动基本能满足他们的需求。再加上其具有国际漫游优势，更是如虎添翼。移动的网络覆盖面其他企业也无法比拟。其在全国绝大多数县（市）拥有网络覆盖，36 个重点城市覆盖率达到 99.8% 以上。再就是其服务较为贴心，走在全行业的前列。除了针对不同客户逐步推出不同套餐和优惠服务之外，相对通信网络服务也比较好。这两大优势逐步形成了强大的规模优势，也正因如此，才会出现因行业垄断产生的纠纷和质疑。

2009 年 10 月 23 日，律师周泽诉中国移动“利用垄断权收取不合理月租费”获得 1000 元补偿。虽然双方和解，并没有直接胜诉，但就像这位律师说的，这是“反垄断法实施以来，国内垄断企业被诉垄断的案件中，原告获取补偿的首例案件”。

虽然移动方面不认为这是补偿，是“服务建议的感谢费用”，但这依然无法阻止这个案件受大众的重视程度。大众为何如此关注呢？是因为终于有人出来就垄断进行反击了。在此之前，当消费者遇到相关服务问题时，总是考虑上诉成本而隐忍不发，在一定程度上纵容了这些行为。

不过相对消费者来说，从来没有真正的话语权，自然也就无法阻止行业的垄断现象。从 2007 年的“20 元 WAP 网无限流量卡”事件也能看出一些端倪，这个活动推出以后，通信商发现资费不对于当天取消，但在取消时并没有维护已经拥有此卡用户的权益，只是简单粗暴变更服务，在没有解释的情况下就几次把服务资费变更。直到消费者投诉并引起媒体关注才逐步解决。

手机使用的时候不知为什么就被某种自己不知道的服务收取月费或者服务费也是比较常见的事，收费后当事人浑然不知，当发现的时候已经过去很久，过去已经发生的费用是无法讨回的，最多是停止服务。很多服务收费项目从来没有收费提醒，当消费者“误点”之后就直接发生费用并且很难找回 。

比较普遍的是类似“短信联盟”和“吸费”事件，当消费者接了一个电话响了一声就挂断，打回去的时候本来是手机号却被收费。不小心点了页面也会被扣费等问题。有些收费 SP 商被投诉多次，依然没有被屏蔽，可以说也在某种程度上看到了通信运营商的默许和不作为。而当出现矛盾的时候，消费者又很难讨回权益，真是防不胜防，烦恼不断。

中国联通的发展有自己的局限性，与中国移动相比有一定差距。但是业务又和中国移动比较相近，难免出现正面竞争。相对而言，联通网络比移动稳定度差很多，很多地方接收信号有问题，并有短信无法接收现象，这是一大“软肋”。为弥补这一大缺憾，联通的套餐资费相对要比中国移动便宜得多。但是却忽略了服务平台完善的重要性。

其实信号差不要紧，如果服务跟得上也能拿回不少分数，但联通在这方面的表现却不尽如人意。一是服务电话经常打不通，让矛盾不断累积。二是服务水平不能做到一致性，服务人员素质参差不齐，导致了消费者信心丧失。虽然电信系统属于垄断性行业，但是毕竟在手机业务这方面消费者还是有选择权的，因此也就流失了很多客户。所以其企业利润只有中国移动的十分之一也就不意外了。

在这个大前提下，联通和苹果合作，推动 iPhone 和 iPhone4 系列销售，但仍然有很多问题。2010 年第三季度季报显示，联通成本及其他费用 1208.6 亿元，同比增长 17.7%，其中折旧及摊销 405.5 亿元，同比增加 53.7 亿元，增加 15.3%；3G 补贴支 出 29.9 亿元，其中第三季度支出 18.2 亿元。成本费用提高和补贴让联通陷入泥潭。一个通信运营商要与苹果合作卖手机作为利润增长点，已经表明其在通信领域方面的问题，此次合作出现的问题引发了国人对联通垄断的指责，令联通始料未及。

联通和苹果合作，采取了一系列的营销手段，甚至为了 iPhone4 进行话费补贴，只要购买手机就可以享受同价话费，所以就出现了营销漏洞，导致 iPhone4 和 SIM 卡被分拆倒卖。“赔了夫人又折兵”的联通恼羞成怒，终于继 3Q 大战后也作了一个“艰难的决定”，就是：联通 iPhone 4 将实现机卡匹配，如果发现合约计划中的手机和 SIM 卡未进行捆绑使用，中国联通有权“对客户号码进行停机处理、对 iPhone 终端进行锁定。此时适逢 3Q 大战刚刚结束，人们对于粗暴垄断尚在议论之时，就这样，联通又被推到了风口浪尖，全国舆论开始对联通的批评之声不止。

虽然这件事表面看起来是出现漏洞被利用的反击行为。可这恰恰暴露了联通的垄断销售行为。消费者为什么愿意买分拆开 SIM 卡的手机呢？是因为正规渠道 iPhone4 永远缺货，而在通信运营商里，又只有联通和联通授权的渠道在国内销售的 iPhone4 才是合法的。在正当渠道无法获得、水货价格高的前提下，就出现了这种情况，这时商家再次挥起“垄断大棒”又怎么会不遭质疑呢？

联通之所以大费周章卖手机还要补贴，似乎也有另外一个原因，就是利用自己掌握和 iPhone4 的合作机会作为垄断权基础，利用 WCDMA 与其的兼容性扩大 3G 客户的载入量，提高市场份额占有率。为了达到目的，垄断谋算出现也就不足为奇了。

如果说上面的事例仅仅是某一企业单一事件，那么现在要说的事就可以说是全行业甚至几个行业都有的垄断行为，都不愿意放弃自己的“蛋糕”。将一件利国利民有助于信息化快速发展的好事不断拖后。也更说明了垄断行为不但阻碍了行业发展，也不利于整个社会经济发展进程。

2010 年，在国家政策支持下，三网融合开始展开，但是，其进展速度非常缓慢。各方面工作非常复杂。说白了是牵扯太多垄断性企业的利益纠葛。本来宽带上网、电视等业务归各自领域并拥有不同客户群。但三网融合以后，意味着很多技术和资源方面要实行共享，这不仅牵扯到电信行业，也对广电部门的服务产生变化，并动了各自的“蛋糕”。政策方面对哪方面有稍微一点倾斜，就可能影响到未来哪一方的行业地位。

而在三网融合试点城市，电信和广电部门在宽带收费方面的博弈也不断传出。例如，在某一试点城市推进数字电视，为了争抢客户，电信和广电互相顶牛同时接驳，发生了导致上千居民因此受累的事件。还有电信清理宽带接入行动，有的地方虽然说明了利益均分，但哪一方都不愿意提供资源，导致三网融合在各个方面进展缓慢。

宽带业务方面的垄断更是严重。2011 年 11 月 9 日，新华社、央视等报道，国家发改委开始调查中国电信和中国联通涉嫌宽带接入领域垄断问题，这也是我国反垄断法 2008 年生效以来国家查处的第一件涉及大型企业的反垄断案。据工信部统计，目前中国电信和中国联通之间直连宽带为 261.5G，仅占两公司拥有 1078G 国际出口宽带的 24.3%。据有关部门初步估算，如果能推动市场形成有效竞争，未来 5 年可以促使上网价格下降 27%至 38%，至少可为消费者节约上网费用 100 亿～150 亿元。对中国电信来说，互联网收入一年大约为 500 亿元，中国联通一年大约不到 300 亿元。因此，如果最后事实成立，中国电信和中国联通将因此遭到数亿至数十亿元的罚款。此事件出来后，联通等企业立刻反驳指责媒体误导公众，但不可否认的是央视及国家发改委引述报告指出，截至 2010 年，我国宽带上网平均速率位列全球第 71 位，不及美国、英国、日本等 30 多个经济合作组织国家平均水平的 1/10。但是，平均一兆/秒的接入费用却是发达国家平均水平的 3 倍至 4 倍。事实是，垄断已经阻碍到了整个行业的发展以及消费者的权益。而此次对企业的反垄断调查不管结果怎样毫无疑问是一次里程碑式的事件，为实现垄断企业的市场化走向起到了积极作用，不过，行业格局改变还是一条漫漫长路。

如何能让企业放弃垄断思维，真正实现共存共赢，真正能为消费者着想，以真诚的态度，贴心的服务为真正依归，实现尊重用户、公平竞争的市场格局，改变无视消费者话语权的现实？这不但需要制度监督不断完善，更需要企业对市场和过去运行模式的反思和改变。

第三节　高铁扩张与规模吸金效应

我国铁路交通产业一直由政府部门直接监督管理，其发展速度非常快。其实，铁路交通也是资源垄断型产业。其中高铁的发展是近年来一直备受公众关注的问题。毫无疑问，高铁的发展标志着我国科技的进步，产业发展对整个运输系统都是非常有利的事。但由于高铁从规划、制造到运作都具有一定垄断性，所以也就产生了一些问题……

2008 年，在国际金融危机影响下，各个国家和地区都在想办法提振经济。这时，我国终于在大众的期盼中推出了 4 万亿救市计划。4 万亿中，一半投在了铁路上，而铁路投资 60% 又都投在了高铁项目上。于是从那年开始，高铁由 2003 年建设的秦沈客运专线一条专线，一下子扩张到四横四纵、延伸到后来变为在近中期五纵六横七连线，远期建设到八纵。一场全国大踏步的高铁建设开始了。

高铁全部建设完成后，全面铁路运输速度将完成质的飞跃。只要是高铁线路，时速将都不少于 200 公里 ~250 公里，最高将达 350 公里 ~400 公里以上。铁路运输速度毫无疑问成为世界之首。因为尚没有任何国家能如此大规模建设高铁。不过问题也来了。

我们举例进行分析。2010 年 4 月 13 日北京南站往返福州的 D371 / D372 次动车组在仅仅运行了两个多月之后，就因为上座率低而正式停运。京津城际铁路也被曝出了 7 亿元的亏损黑洞。

沪宁高铁在 2010 年 7 月上线，但坊间传出上线后乘客寥寥无几，虽然后来铁道部门辟谣，但大量的图片及文字都能看得到其上客量不尽如人意。由于票价过高，大部分学生宁可选择长途车返乡。这在当时已开通高铁是非常普遍的现象。

高铁为了维持其速度、舒适度等要求，以及在其本身的建设成本的限制下，无法完全对基层消费者敞开大门。大量人群依然会选择传统列车，因为速度和价钱在老百姓的选择中，价钱依然是第一位的。他们宁可晚一天回家，也不愿意花高于平常数倍价格的车票早几个小时回家。这就让高铁陷入了一个无法和市场对接的尴尬局面。我们可以看到，一方面春运期间普通列车爆满，甚至要从窗子挤并导致大量人口滞留。另一方面高铁上座率不足。

这种强烈的反差实在是一件奇特现象，也引起了大众对于高铁的质疑。于是从 2011 年起，已经运行的高铁刮起了一股降速风，一方面把座位由航空椅换成硬座，另一方面把速度降了下来，一般降幅都达 50 – 100 公里之间。比如京沪高铁由设计时速的 380 公里降到 300 公里以下。这样运营成本相对低一些，票价也就可以相对降下来一些。虽然上座率相对要好一些，但无论是对铁路部门还是老百姓来说，成本相应都提高了。

从2007年开始，中国铁路基建资金就开始剧增，尤以2008年年底到2010年为甚。2008年，铁道部基建投资3376亿元，比2007年几乎翻了一番，2009年基建投资增加至6006亿元，2010年增加至7091亿元。负债率也持续攀升，资产负债率分别为42.43%、46.81%、53.06%。到2011年铁道部确定的投资规模7455亿元，其中基本建设投资规模6000亿元，这还是缩减了1000亿的投资。

铁道部资产负债表显示，2007年至2009年铁道部负债额分别为6587.06亿元、8683.95亿元和13033.86亿元。到2011年中，负债已经达2万亿元，这是个惊人的数字。基本上高铁投资呈逐年上升的形势。但是如此大规模的施工建设其赢利能力如何呢？就拿京沪高铁来说，不去考虑收回基础建设投资，也不计入折旧，仅运营成本和偿还利息，京沪高铁每年至少就需要96亿元的资金，即每天至少要赚2630万元。为此，京沪高铁每天需要满员运营44趟，即往返22趟，这对该线路来说是非常难以完成的任务，再加上如果要打算增加客流量则必然要降速，一旦降了速又怎么会完成这么多趟的任务呢？

但为什么仅仅运营就会产生这么高成本呢？除高铁本身技术及安全要求之外，还要支付一笔巨额专利费给国外公司，这方面有些是一次性付清，还有一些属于长期偿还合同。对于专利费具体数额官方并未公布，但实例可说明专利费的惊人。据报道，2004年7月，铁道部时速200公里动车组项目第一次招标，德国西门子公司开出了天价：每列原型车价格3.5亿元人民币，技术转让费3.9亿欧元。中方坚持技术转让费在1.5亿欧元以下，每列原型车2.5亿元人民币，最终西门子出局。2005年，西门子与唐山机车车辆厂一起获得60列时速300公里动车组项目采购合同。西门子不仅将原型车每列价格降到2.5亿元人民币，还以8000万欧元的技术转让费转让了关键技术，单单几个项目的专利费就已达数十亿元。

当然，近几年在国外原有技术基础上，我们发展了一定的自主知识产权，降低了成本，但人家专利部分收费一项也不会少。这就造成高铁高建设、高运营成本的现状，也是为何票价难降的原因。数据显示，高铁建设期间利润也下降得最厉害。2007 年，铁道部税后利润为 87.20 亿元，2008 年为 -129.51亿元，2009 年为 27.43 亿元。到了 2010 年虽然高铁建设开始进入收获阶段，但相应的负债加剧使得利润大幅缩水，2010 年铁道部税后利润 仅 1500 万元，同比下降了 99.45%，可见高铁高负债率带来的负担。

高铁的竞争力在于它的速度，但是由于规划路线过于密集，又与飞机重复，这就避免不了争抢客源的问题。高铁尚未成熟，百姓消费能力又让大家更愿选择普通列车。这就使高铁失去了竞争力，很难与投资成正比。这是形成普通列车客流饱和，高铁客流量上不去的根本原因。

但是，近两年某些路线高铁建设速度依然出现不受控制的加速建设现象，原因很多。一方面，2008 年国际金融危机后，中国经济发展也遇到前所未见的困难。民企大量倒闭，失业人数增加，经济增长又被房地产绑架。寻找新经济增长点是迫在眉睫的事情。高铁建设不但可以暂时解决就业问题，又可快速创造 GDP，因此，高铁建设的上马速度之快也就可以理解了。

但完成整个铁路体系需要过程。这个过程也是让政府、铁路部门消化成本避免资金过度使用的必要条件。到 2011 年，铁道部原本“十二五”计划投资 3.5 万亿元，每年不少于 7000 亿元用于基础设施建设，计划开通 1.6 万公里高铁，总营业里程达到 12 万公里以上。但仅仅数月间，这个计划就被提前了五年。

专业人士曾担忧：“现在的情况是，铁路高铁化倾向严重，很多线路可以修成客货混运或者低速铁路的，现在却统统修成了高铁。”这造成了市场需求与建设不相符的状态，很可能会在未来造成建设资源浪费的隐患。

但是，如此巨额资金的付出必然压力巨大，没钱只有借，由于铁路部门属于政企未分家，在银行当中贷款也就不困难，无形当中也提高了负债率。2011 下半年出现了很多地方停工就是因为资金压力太大。高铁在地方建设超预期完成任务现象出现了普及化，甚至在建很多项目已是 2020 年以后的任务。这里面的主要原因还是某些地方政府为了完成GDP的指标推波助澜。一方面可以完成上面分配的经济指标，另一方面铁路部门可以拿到更多的资金，自然皆大欢喜。据相关部门统计，我国铁路工程项目投资调增面几乎为100%，而调增幅度也较大，调增幅度为原始投资概预算的150%左右，有的甚至高达2倍至3倍，处于惊人超标失控状态。

除了这些以外就是资金监督问题了。2011年中央对京沪高铁进行审计，立刻查出转移挪用公款资金1.87亿元，虚开伪造发票1297张入账，共3.24亿元。两项合计，超过5亿元。2010年到2011年仅一年间，铁道部就有8位高官落马。这些高官逐一落马，显示了高铁监督制度亟待确立。再先进的技术，如果监督有漏洞，建设过于超前，也是极大浪费。过快的建设也会带来安全方面的问题，比如2011年的“7·23”甬温高铁动车追尾事故就是一个非常值得警惕的事件，因此不能不予以重视。

2010年底，中国高速铁路的营业里程已经达到7531公里，是全世界高铁运营里程最长、在建规模最大的国家。相比较其他国家的赢利又如何呢？在日本，除了新干线以外的高铁几乎都是亏损，直到20世纪80年代累计欠债3500多亿美元。台湾连接台北高雄的高铁也净亏损达数百亿新台币。欧美国家更是对高铁建设慎之又慎。因为就目前来说，世界上的国家和地区还没有能够解决大规模建设高铁的高成本问题。也就是说日本新干线是唯一一个创建出自己赢利模式的高铁项目。

有人说，高铁虽然建设费用高昂，但是价值并没有降低啊。是啊，买来的也好建造的也罢，都属于固定资产。但是如此巨大的资金链条下赢利能力的不成正比就会套死铁路部门的整体效益。高铁是利国利民的大好事，不能仅仅计算利润。因为铁路本身就是公共设施，是为百姓服务的，其附加价值无法用金钱来衡量。这句话的本质是正确的，高铁也确实是未来经济运行中必然的发展方向。但是高铁本身属于公共设施，为的是百姓方便，同时也要提供大家相应能够承受的价位。这类设施是不能用利润来衡量的，但是在没有利润的前提下，应该是以降低大家的出行成本带来刺激经济发展的附加价值来实现的。从目前状态来看，高铁的过快发展竟然影响到了航班和一般动车、普通列车的客源，这就凸显出资源浪费的“软肋”。

比如2011年7月京沪高铁开通前，部分动车组被迫停运，开通后相关路线航班马上把航班价格降到四折。之后故障连连，航班马上又上升到八折，可见其营运对同类交通的影响。更重要的是，每年投入数千亿，至今已经累计投入4万亿资金，无形当中也为国民经济增加了负担。就像是我们花了巨大的财力、人力、物力，建设了百年后才需要的东西。高铁如果建设太快不但对经济造成负担，也挤占了原本普快列车的建设需求，那么就使得市场运输成本变高，普通列车变成紧俏的交通运输工具。如此一来，本是人类科学进步产物的高铁，也就可能弊大于利。

但是这并非说高铁毫无发展必要，而是要看时间、地点和规模。过于超前大规模运行，势必要增加运行成本并出现产能过剩。于国、于民、于铁路事业未必是好事。目前国内已建设了很多高铁，尤其是欠发达地区也几近饱和。随着高铁的建设，铁道部负债率也越来越高，2009年铁道部资产负债率为53%，2010年上半年已上升到54.3%。长此以往，势必对铁路部门的资本运作带来困扰。

所以，高铁建设一定要有的放矢，对于一些经济比较发达的地区进行有效调配，欠发达地区不要盲目上马以免产能过剩。在逐步建立一套高效的运转系统之后，才会真正发挥高铁的功效，让中国经济真正享受到科技带来的成果。而垄断无监督带来的危害，在高铁建设大潮中得到了体现。

第四节　淡季“用电荒”谁才“心慌慌”

近些年国内逐步出现用电紧张现象，几乎每年都会出现不同程度的“电荒”。而电不仅对经济发展有着直接影响，更关乎国计民生。因为在现代经济社会中，老百姓已经离不开电。衣食住行都要用电。甚至自来水，都需要电力运行的支持。

但自2011年3月后，浙江、湖南、江西、重庆、贵州等地出乎意料地出现了罕见的淡季“电荒”现象。限制用电、有序用电等非常规手段变成常态。这到底原因何在？是什么造成了淡季也会出现电荒情况呢？

我们先从火电必不可少的煤炭企业说起。以煤炭企业来说，2001 年后，煤炭企业产量逐年递增，形成高投资、高开发、高增长局面。全国范围由国有大型企业并购中小型煤窑，最终基本为国有企业掌控。逐年规模化运营造就了煤炭产业整体产量的不断攀升。

2010 年，全国新增大型煤炭项目有 1.4 亿吨产能，煤炭年增长量也达 2 亿吨。而煤炭生产大省 2009 年后基本在以 30% 以上的速度增长。按照增长趋势，38 亿吨的产量“天花板”也会轻易被击破。

温家宝总理说中国大部分行业产能过剩，煤炭、电力、轻工、纺织等行业产能严重过剩。中国煤炭行业高官也发出“煤炭产能过剩”警报，产业界却不断掀起并购煤矿热潮。五大电力集团也在积极的购买煤矿。到 2010 年，五大电力企业所参股或者并购的煤企年产量在 3 亿吨以上，占到了总耗电力的 20% 还多。而且新能源发电方面的发展也是逐年大增，到 2020 年，仅核电、风电、太阳能预计将形成 2.5 亿千瓦的装机容量，达 6.25 亿吨以上的煤炭发电量。

如此巨大的产能加上新能源发电量，为什么没让煤炭价格大降，反倒还出现了“电荒”呢？这里面有很多方面的原因。一方面全国煤企和电企产业分布不均衡，近些年煤企新增的产业偏向了内蒙古、新疆和陕西等偏远地区发展，远离消费中心。这样就在运输上增加了成本，导致即使有煤也不能及时运到电企的奇特现象。另外，各省份电力运作相对独立，即使有省份煤炭产量很多，也会出现有一些省份“吃不饱”，省长到处找煤的情况，铁路运输又有着一定的局限性，导致形成煤炭价格和运输时间差的瓶颈问题。另外，小煤矿逐步被大集团收购，造成了一定的垄断效应。原本可供应省内用电的小煤矿因被大集团垄断，所以无法供应到当地电企，导致电企去外省购煤，无形中造成了电力企业成本上升，对“电荒”起到催化剂的作用。

再就是煤炭生产企业与电力企业的博弈。在煤炭企业不断并购垄断的情况下，乡镇煤矿、国有地方矿产量将保持稳定，国有重点矿成为产能增长的主力。那么必然出现煤炭企业“挟煤炭以令天下”，并有掌握定价权之目的，但是毕竟我国对于煤炭给予电厂的煤价没有放开，所以每一年都出现在煤电合同签订方面的意见差别。

煤电之间的博弈由来已久。1992年煤炭价格实现双轨制——非电煤价格随行就市，电煤价格实行政府指导价。2002年，国家取消政府指导价，但同时对重点合同煤价进行干预。发电企业与煤企之间仍然由政府做主导。但是随着用电紧张情况愈加严重，煤炭价格也水涨船高。

这个时候对于双方来说都是一场博弈，煤炭想趁机不断加价，可是毕竟有政府部门出面，所以就出现“上有政策下有对策”的事情。2009年2月陕西电煤价格再涨，陕西省工业和信息化厅紧急通知，要求大唐、华电、华能三大集团的陕西发电公司，以及其他电企、省煤业化工集团、各重点煤矿、西安铁路局和省电力公司快速协商，提出省内电煤暂按临时价格执行。在省内电煤合同未签订之前，陕西煤化所属煤企所供电煤暂执行每吨385元的开票结算价；待合同签订后，按照合同约定价格办理正常结算。相比于2008年1月～8月每吨272元的结算价，这一价格飙升41.5%。陕西绕过了电煤供给规定，打响了煤炭企业胁迫垄断第一枪。

这么一来，就让电力企业以过亿亏损的状态出现。电力集团也不甘示弱，五大电力集团联合结成了采购同盟，还是不得不暂时执行了高达每吨385元的开票结算价。而这种电力企业与煤企僵持的局面一直持续没有解决。对于这种现象，有人说政府应该放开市场化。可前提是近几年地方煤矿企业已经由原来的多头，变成了几个集团控制的煤炭寡头，对市场定价造成了垄断。

所以，电力企业比煤炭企业还是相对弱势。当然电企也有自身的问题，比如一些国有企业通常都会出现的高薪问题，还有利用漏洞私自倒卖煤炭的问题。电力企业需要建立一套完善的成本控制体系和监督体系，这样才能降低成本运作。

当然最重要的是对上游产业的合并降低成本提高话语权。虽然电厂相对煤炭是弱势一点，但是电网垄断多年来，本身一直也在困扰着电力发展，这也是电力企业成本居高不下的原因之一。2002年开始电力的体制改革，原国电公司拆分成五大发电集团。后来，电厂竞价上网，掌握是否允许入网的大权落在电网手中。这样就逐步形成了电网垄断局面。

根据国家统计局公告，2010 年前 11 个月，电网（供电行业）实现营业收入 2.19 万亿元，同比增长 20.84%，占整个电力行业的 65%；实现利润总额 592 亿元，同比增长 1828%，占行业比重为 42%。这样，电厂就成了利润率最低的一环。

造成煤电矛盾的最根本原因还是在于近些年由于房地产、基础建设等众多项目没有得到有效的控制，造成了大量的高耗能企业的快速扩张运转。2009 年，我国终于从传统煤炭出口国转为进口国，全年净进口 1.03 亿吨，第一次成为煤炭净进口国。造成对煤炭巨大需求的原因，是因为 2007 年以后高耗能行业又开始在一些地区盲目扩张，某些地方还违反产业政策规定，出台了一些鼓励高耗能产业发展的优惠政策，把高耗能产业作为招商引资的重点，致使到 2011 年初为止大多数高耗能产品的产量增长幅度都在 20% 以上，其中粗钢产量增长 22.3%、铁合金增长 44.4%、电解铝增长 36.6%、焦炭增长 23.7%、电石增长 34.1%，这样，一方面在造成了巨大的产能的同时，对煤炭需求就会继续大幅攀升。

据一些国外投资银行估测，如果以该速度继续消耗煤炭。那么 40 年后我们可能无煤可用。这就是说，由于很多基础建设项目超前建设，导致了煤炭需求呈井喷式增长，也就加大了电力供应的压力，煤炭价格不断上涨，电厂发电就亏损。所以虽然电力已经被列入过剩产能，但却大量闲置，从而加速了矛盾，让电力提前出现“电荒”。

想要从根本解决这些问题，最重要的是要对一些超前的基础建设以及高耗能行业进行有效控制，出台相应政策，对高耗能企业电价与普通企业进行电价差异化，以免“一刀切”涨价造成不公平现象。另外进行有效的运输统筹，防止“舍近求远”的购煤方式出现。有效降低成本。并且对煤、电企业的垄断行为进行有效监督并进行成本控制。因此，只有形成一个系统的良性循环链条，才有可能从根本上解决电荒问题，而并非单纯向百姓要钱涨电价。

所以最终想要解决问题，还是要杜绝垄断！

第五节　资源垄断“自己吃自己”的深层原因

近些年，国企经营、建设管理当中出现的弊端一直困扰着经济发展。这里包含了很多因素。但总体来说，各国企之间的共通问题是垄断和欠缺监督。不管是石油的垄断巨头还是电信、铁路、公路、航空、电力、煤炭、有色金属等行业，或多或少都会出现一些定价过高、行业垄断、中小企业无法生存等问题。而国资背景垄断企业福利过高问题也是近些年来一直被质疑和热议的。

2011 年 5 月的审计风暴，查出了多家央企因对外投资等项目管理不善、导致亏损中以及存在职工薪酬管理问题，涉及资金近 50 亿元。这仅仅是在风险项目投资和薪酬管理中查出来的问题。很多国企、央企年年都喊亏损，但其企业员工福利却高得惊人。另外还有一些“哭穷”现象。例如我国的石油巨头们，在炼油环节总是频报亏损，并借此喊调价或者要求降税给予补贴等等。但整个集团的年收益却高达千亿元以上。自己炼油供货给自己，报炼油亏损，最终相当于左手把利润给了右手，然后左手跟国家要钱。

企业垄断往往就会造成一方独大，制约正常竞争。也就造成了“形分”而“神未分”。比如电网和电厂整体赢利差别很大。电厂因为上网问题不得不受制于电网，也在一定程度上造成了垄断。

垄断出现也改变了市场的定价权，百姓永远是弱势群体。所以常出现油价、电信业务费、电费以及服务、质量问题投诉等等。往往百姓所处的地位比较低，相对发言权太少。这里面有一个事例非常经典，蒙牛在没被国资背景的中粮收购前，三聚氰胺事件让其差点倒闭，为了争夺市场，不得不推出各种优惠和活动来挽回声誉。但就是蒙牛脱离民企队伍之后的2011 年底，再次出现了检出强致癌物的事件，这时，“财大气粗”的蒙牛不但没有什么补救措施，反而对产品加价。不得不说企业一旦远离了市场检验，被垄断国企接收，运行模式自然也就变得很“霸气”。这就是说企业有雄厚资金实力和银行资金做支持，其强势地位也就缺乏监督，企业资金走向以及项目运作也更容易出现潜规则。

盲目投资缺乏调研也是重要原因。近些年我们不断加快建设，包括很多基础建设以及交通枢纽，是对全国的物流运输、信息通信、城市交通等带来了很多积极影响。但是由于地方盲目建设，造成了资源浪费现象。高铁建设当中查出的问题就可见一斑，凸显了行业监督以及对于垄断性企业的垄断行为进行有效控制的重要性。

从各个行业的这些问题我们可以看出，很多行业属于特殊资源行业，国家为了对整个产业进行有效的管理和保护，往往要通过某一部门专门管理。由于很多的产业要市场化，部门必然要进行改革。在改革过程中政府部门分割成企业。这就出现了很多法律监督尚未完善的部分。随着市场经济不断发展，国有企业垄断以及监督问题所产生的矛盾就会逐步凸显。

比如说目前比较突出的国有企业福利问题，很多企业花巨资去购房或者巨资分发给企业职工的情况屡有发生。发生这种情况很大的原因在于对国有企业的高层领导薪酬等有比较严格的规定并由国家监督，但对中上层和下层员工，企业却又自己做决策，这中间往往就会产生很多缓冲区，监督不利，这就是出现这些福利问题的原因之一。

另外，在推向市场化的时候曾经有过一段“国退民进”阶段，很多国有企业逐步被私有化。由于监督缺失，造成了很多国有资产流失。还好被紧急叫停，但能够说明不管要怎么做，有效监督防止国有资产被滥用和流失也是非常重要的。再比如高铁建设，高铁建设本身表明了科技进步，同时也将为国家未来运输提供一个新的台阶，但如果建设方面过于急进，监督再跟不上，就会产生违背市场规律的事情，产生灰色利益链条。因此，合理规划和有效监督依然是未来需要面临的挑战。

保护中小企业、消费大众不受垄断企业威胁，依然面临巨大挑战。因为如果一家企业占据了垄断地位，那么不管是市场定价权、服务、产品质量等等，都无法得到保证。一旦出现质量问题，消费大众没有话语权，中小企业也会因为一方独大利润空间受到挤压而无法生存，无形中加重了整个经济运行成本。

我们可以发现，每一年审计部门都会查处很多问题，却无法一劳永逸。关键点就在于这种“一阵风”的审查根本无法堵住常年运作问题。建立一个常规的第三方的监督平台对整个企业资金项目进行常规化监督是非常必要的。2008 年我国出台反垄断法，对一些国有企业却没有限制，但垄断现象最多的恰恰就是国有企业。因此反垄断方面法律完善，并提高可执行度，才是破除垄断的关键。如何有效建立监督体系以及破除垄断，维持市场公平，才是市场经济真正需要解决的问题。

第六章　玩不懂的国际游戏规则

随着市场经济逐步深入，我国金融业发展也面临着各种复杂的环境。尤其是在我国的经济对外越来越开放后，也就会面临各种各样的金融问题，其中有一些是企业行为，有一些甚至是国家与国家之间的经济博弈。从中可以看到金融的政策对于经济发展的重要性。而我们国内的企业在应对国际规则的时候，总是用在国内的思维去做策略，这样往往要吃大亏。本章将介绍国际间的金融政策博弈、国际经济强国的战略思维与国内面临的金融业发展问题……

第一节　奥巴马团队玩弄与放纵了谁

随着与国际往来愈加频繁，我们会感觉到来自国际尤其是美国的经济策略或政治压力。为了让大家了解美国这些年来所做的货币、经济以及政治策略是如何运转的，有必要就美国政府、华尔街近些年的一些动作进行解析。尤其奥巴马上台以后，其一系列动作对美国、中国和世界都起到方向性作用……

奥巴马政府的上台，标志着小布什时代政策发生了较大的变化，尤其是经济方面。这个美国首任黑人总统上任后的一切行动显得与众不同。但这些其实并非他一人之功，而是强大策略团队的支持。

从奥巴马上台前金融危机爆发，可能把美国的实体经济也拉下水的状况，到 2011 年社会总体失业率呈逐步下降趋势，金融业趋于稳定，美国经济转危为安，并在医疗改革等方面惠及后世。奥巴马及其团队功不可没。

奥巴马上台后的首要任务就是访华，他看到要让美国摆脱危机，中国是一颗必不可少的棋子。但这并非让中国施以援手去帮助他，而是透过一系列手段，让中国被迫消化美国危机。

奥巴马团队首先高调访华表明了合作态度，这一度让我们非常兴奋和开心，因为摆脱美国的“高压”时代或许就要到来。但事实并非这么简单，访华后，美国就加紧了对我国贸易打压，不断提出反倾销法案，并使得我国很多对外贸易企业遭到重创。同时不断对人民币进行施压要求人民币升值，否则将把中国列为汇率操纵国，这种压迫一直延续至今，虽然2011年后压力似乎减轻，但这时人民币升值已进入常态。

除了汇率方面，奥巴马还逐步透过压力开放我国金融市场、保险业、新能源包括核电领域合作，新能源原本属于“朝阳产业”，短短两年已产能过剩，但大笔订单源源不绝汇入美国。人民币汇率升值让美国把金融风险逐步分散，减轻其实体经济压力。产业合作呢，除了更容易渗透操控金融市场外，也加速了对我国制造业的并购。

美国国内，为了让新的医疗改革更加完善，奥巴马实行了切割药厂利益的做法，让大资本家监督药厂行为。这种方法起到监督之效但触碰了部分资本家的利益，这样就为其连任制造了阻力。另一方面奥巴马团队的工作效果是多年后才会看到的。但大众看的是实效，不见得买账。于是能否连任总统成了奥巴马必须面对的事情。这时候最有必要的就是转移大众的视线。

一件事情改变了这一切，这就是——本·拉登之死。想要了解这件事带来的效果必须从多方面来看。本·拉登死后，大宗商品暴跌。而之前很巧的是，高盛研报建议客户“在原油和其他市场走势逆转前，尽早对商品投资组合获利了结”消息传出，紧接着索罗斯就宣布抛空黄金白银，随后大跌开始。有意思的是，与此同时，一向与索罗斯有合作关系的约翰·保尔森却高调宣布看多黄金，真是疑阵重重。

再回到2011年5月初，先是在接受CNBC电视台采访时，索罗斯批评美国财长斯诺的政策是“不顾他人死活”、“不负责任”、“损人利己”的错误做法，并一改大炒家做法，公开披露自己由于美国政府放弃强势美元政策，正在沽售美元，同时吸纳欧元、加拿大元、澳元及新西兰元。这就是烟幕，之后的事情就不仅仅是经济层面的事情了，本·拉登在非常巧合的情况下被“击毙”，随后索罗斯大量抛售黄金白银，紧接着全球贵金属及大宗商品包括原油一起大跌，这样，美元再次坚挺起来成了避风港，立刻缓解了当时市场对于美元的不利传言。整个事件更像是一场表演，一场金融政治秀，主角却不止一个人，每个角色就像是提前约定好了一样各尽其责。

此时恰逢美国新一轮总统竞选预热，奥巴马由于美元贬值、债务增加、失业率等原因，民意支持率降到了最低点。这时本·拉登被戏剧性地打死。紧接着奥巴马支持率猛增，就在大家认为此事对奥巴马民意支持只是短期上升的时候，索罗斯做空白银，美元坚挺，之后黄金上涨原油下跌，美元继续坚挺。

一夜之间美元突然又成了香饽饽。此事对华尔街炒家、奥巴马的未来都像打了兴奋剂，就在大家都把视线集中在索罗斯做空白银的身上时，奥巴马获得了意外的政治资本并能够有机会让他顶住压力。从高盛看空大宗商品、本·拉登之死，到奥巴马民意支持率上升，再到索罗斯做空白银，一切都天衣无缝，似乎是故意安排一样。

结果就是，这一阶段起美元逐步拉升，否决了之前反对派关于美元贬值的质疑。同时，拉登的死让奥巴马瞬间变成了民族英雄，民众支持率异常高涨。虽然这份支持是激情化的，但奥巴马团队透过这件事让金融市场发生如此大的变化，这确实是非常高明的一招。这件事的成功必须借助华尔街的力量，但这却并非事先约好，因对华尔街本质的了解，让奥巴马团队完全可以判断未来金融走向，因势利导地按照自己的意图计划。

2011 年 6 月 23 日美国能源部宣布，由于中东北非局势不稳导致国际石油供应受到影响，美国将向市场投放 3000 万桶战略石油储备，以稳定市场供应，这一数量占国际能源机构各成员国投放石油储备总量的一半。国际能源机构 28 个成员国将在接下来一个月内向市场投放 6000 万桶石油。这则消息让国际原油价格狂跌 4%，并一度跌破每桶 90 美元。从利比亚局势不稳定以来，美国国内油价有不同程度的攀升，但是随着时间推移，国内对于石油的需求量却在持续下跌。

据报道，截至2011年6月17日当周，美国零售汽油日均需求较上年同期攀升0.4%，为连续第三周上升，增加0.5%。但过去五周，美国汽油平均消费量较上年同期下降0.4%，因为汽油价格同比上升36.7%，导致美国对汽油需求的减少。就是在这种情况下美国突然宣布投放石油战略储备。

这时，美国投放石油战略储备有几个方面好处：首先对参与利比亚空袭的那些国家来说是巨大精神支持，占领了所谓的道德制高点。其次，从拉登之死后石油首次暴跌。紧接着美元不跌反升。消息公布以后，原油大跌4%的同时，美元也在大幅升值。

最具有戏剧性的是，美元悄悄升值的同时，索罗斯、高盛等炒家，同一时间喊空人民币汇率并宣传中国经济硬着陆。

顺便来说一说美债危机，前两轮的货币宽松政策，虽然透过各种金融方式让美国把风险向国外扩散，但同时也带来了新的问题，就是债务危机。不断增加的债务已经触及了底线，在舆论上，美国似乎面临债务违约的风险。与此同时美国党派斗争严重，两个派别所代表的利益集团并不相同。美债违约风险的舆论扩散直接影响美国经济，一旦舆论扩大，直接伤害的就并不仅仅是其金融机构，可能让刚刚复苏的实体经济再次进入危机。

但整个美国的运行机制是，不关乎国家经济危机的小问题，派系斗争是源源不绝的。一旦遇到大问题，那么所有的派别之争就会暂时放下，然后以美国的整体发展为大前提。这就是美国实力强大的根本原因。因此也就有了8月初美国两党就债务上限在最后时间段达成一致。随后标普降低美国评级，但没有降低银行等金融系统评级。同时，一场全球大降级运动开始，除美国外，其他国家银行系统都遭到降级。这件事在相当一段时间内造成欧债危机恶化。美元在不知不觉中升值，黄金等期货再次大跌。也就是说，美国透过“矬子里面拔将军”的办法让自己摆脱金融风险。

不管如何，透过种种努力，奥巴马团队基本顺利地完成了稳定美国经济的目的。而这些谋略并非奥巴马一个人的力量。他的团队就像是一个企业整体协作，奥巴马只是企业的代言人而已。团队能成就奥巴马，但奥巴马却无法缔造这么强大的团队 。能够缔造这么强大团队的，是美国系统的经济、制度运行模式！

第二节　高盛与华尔街“狼狈为奸”系统的威力

高盛并不让人陌生，它除了帮助我国企业巨头海外上市之外，也在很多企业参股、控股，是全球数一数二的金融巨头，在 23 个国家和地区均（含美国）设有代表处，包括纽约、芝加哥、法兰克福、伦敦、东京、北京、上海和香港、台北。亚太地区总部设于香港。在中国设有北京办事处、上海办事处，并成立合资证券公司——高盛高华。据传其总资产已过万亿美元。高盛可以说是美国经济模式的缩影。

我们谈高盛，不是谈其资产，也不是谈它在金融领域的辉煌战绩。在这里，只是想从旁观角度来分析为什么高盛几乎无往不利，并且每次它总能逃脱金融危机大难，而包括国内很多企业总吃它的亏。这些非常值得思考。

毫无疑问，高盛是一间伟大的公司，而美国像高盛这样运行模式的公司成千上万。从几个方面可以说明。首先是人才选拔。高盛对于人才选拔是非常严格和全面的，往往要经过各种测试和面试，那些名牌大学的高材生在面对这些选拔的时候也难免遭到淘汰命运。其测试题目可能千变万化，从脑筋急转弯到深奥的数学与物理几乎无不涉猎，当经过层层选拔的考验合格后，就是效率极高的与工作快速磨合。其公司内部中高层无不是在各个领域的精英，甚至很多在之前还是某品牌大学的著名教授或者曾得过国际大奖的科学家。当然，能够有如此严格的选拔和工作效率，其奖励和薪水自然要比同行业高。企业也会实行严格的淘汰制，一方面每年淘汰所谓的“落后员工”，另一方面招新鲜血液，这样，每个人的压力和动力时时刻刻都在。

下一步就是把员工变成整个公司运作的“齿轮”。在高盛内部会有一个公司所独有的计算系统平台，用来工作非常方便，但如果跳槽，在别的公司又要重新学习另外的系统，这就让每个人既成为齿轮又不会频繁跳槽。每个人都会按照自己的分工积极地忙碌。有点像蚂蚁系统各司其职。当总部系统有一些经过全面快速论证交易和策略时，那么整个公司就像一部机器一样高效率运转执行。当每个人发挥其职能时，企业获得巨大利润的同时，个人也可能会在一两年内成为百万富翁。高盛的创富故事并不只是一两例而已。

高盛运作模式的可怕之处是并不取决于一个人的力量，而是将整个系统全体员工的努力爆发于一点。当由其高层“圈子”凭借敏锐嗅觉闻到了赚钱机会的“血腥”味道时，整个系统会一齐对整个市场环境进行数据搜集、运算及研究。这种精英聚集智慧力量是任何个人无法比拟的。所以，每当看到一个所谓的“金融大鳄”在到处运动的时候，厉害的不是他本人，而是隐藏在他身后强大的集体力量。这时候的资金运作，往往也是集团式运作。快速反应、快速进攻、快速撤退。在一瞬间完成整个运作，紧接着就是获取高额利益。

高盛对海外股权投入也不遗余力，从我国海普瑞、中芯国际、双汇等企业收购中可见一斑，再比如其在中国收购了大量的养猪场，说明控制产业链环节目标性也非常明确。帮助我们国企巨头上市赚取巨额利润的事情也是非常多。总的来说，哪里有利益，高盛就会出现在哪里，就像是鲨鱼闻到了血腥味道。

很多人质疑高盛有政治阴谋，其实毫无必要，因为高盛不管做了什么事，在普通金融从业者角度来看，都永远是一种商业行为，其每一个决定都因为这个地方有巨额利润，或者垄断经济利益在不会单纯为一个政治目的去作一个商业决定。所以说高盛没有阴谋这本身没什么错，但是高盛中心渗透行为造成的却是实实在在的经济垄断或给某些国家和地区造成金融的动荡。像“上帝之手”缔造的一样，这一类金融公司走向都是不自觉，但却水到渠成。就是因为整个金融系统已经与国家战略自觉结合在一起。

在美国国内是绝对不会允许高盛这样的公司越界的。虽然高盛也常常踩线，但毕竟有法律约束。这说明如果没有法治制约，这些金融企业一样也会在自己国家制造经济动荡。但由于美国外部尤其是亚洲制度漏洞多，利益驱使下其自然会在各个领域钻空子。这种情况下，国内企业成为其赚钱目标也就不奇怪了。

当然，其基本还是金融领域短线行为较多，就像游击队，有机会就搞一下，快进快出。但是对实业投资却是直接找到掌控产业链重要一环的部分下大本投入，这就是长线投资。这种投资掌控了价格话语权，就必然会提高我国经济成本。从国家与国家的战略来看，这种渗透行为，可以理解为是一种阴谋，是对经济的打击。但是反过来说，站在高盛的立场，这些都是商业活动。企业的最终目的就是赚钱！造成这一切的，是因为美国整个社会法制体系造就了他们的经济结构，产生了高盛这样的企业，不自觉为美国经济作着贡献的同时获取巨额利润。他们的目标成为“经济殖民地”。一切水到渠成，大家做好自己的事，就会达到这样的效果。

从以上可以看出，高盛、华尔街甚至美国的商业运作轨迹的原动力，是一个强有力的高效率系统平台。美国经济之所以繁荣，华尔街之所以能成为全球的金融中心，高盛之所以屡战屡胜，最重要的不是人才济济，而是能够让人才充分发挥其才能的系统运作机制。

华尔街就像一部机器，每个人都是这部机器上的“齿轮”，但很有意思的是，这部机器总能把各种人才打造成合适的“齿轮”。在人尽其才的同时，即使失去了某个“齿轮”很快也会有新“齿轮”补上，对这部机器来说，“齿轮”总是会不断淘汰不断更新。人才为了常保其“质量”过硬不被淘汰又会不遗余力。可怕的不是人，而是系统。所以，当我们面对这么强大的系统的时候，单个人的力量是无法阻挡的。而该如何凝聚成一个团结和强有力的集团式力量，看到高盛，我们就有了答案。

第三节　汇率的手段与市场地位的承认谜题

前面用了大量篇幅介绍美国经济、政治系统与华尔街的本质，目的就是要通过介绍，说明操作的背后推手是什么，并非所谓“阴谋”。而是一个强大的体系配合结果。对我们影响最深的，还是人民币汇率升值压力。

人民币汇率在近些年逐步成为焦点问题。2002年日本等国逐步在国际上散布“中国输出通货紧缩论”。2003年国际舆论传出对人民币汇率升值要求的呼声。到2005年前后，欧美等国家开始对我国施压，并要求人民币升值。随着我国对国际市场开放，第一轮汇改开始。人民币对美元升值2%至1美元兑8.11元人民币，同时美元每天浮动范围限制在上一交易日收盘价的上下0.3%之内，对非美元则在1.5%的范围内浮动。

此次升值后，同时国内A股复苏，直到2007年一直是呈加速上升趋势。同时，民营企业出现资金外流趋势。国内实体经济资金首次开始向投机领域流动。截至2008年累计升值20%左右。受国际金融危机影响开始停止升值步伐，随着一系列经济刺激措施以及国际经济形势逐步开始缓和以后，国内民营中小企业得以喘息，并开始慢慢恢复。

如果首轮汇改除了国际压力更多是国内外经济因素影响，那么，2010年的汇改基本上就是由于美国对汇率采取的种种压迫手段。对华贸易壁垒逐步严重的情况下，2010年刚刚开始，国际政治、经济局势就弥漫着一股火药味，问题重点已经从反倾销转移到人民币汇率方面。

2010年1月，奥巴马国情咨文讲述了美国扩大出口的重要目标。2月，奥巴马接受采访时称：2010年美国将就人民币汇率问题与中国进行非常认真的协商。并表示中国经济可能过热，允许人民币升值同样符合中国利益。并将与中国“进行一些非常严肃的谈判”。这就表示，奥巴马将会对人民币升值这一“原则性问题”绝不退让。从这时开始，一场逼迫人民币升值的大戏拉开了序幕。

3月16日，美国纽约州参议员舒默继2005年之后，再次提出“舒默议案”。并启动立法程序，再度就人民币汇率问题向中国施压。逾百名美国国会议员呼吁奥巴马政府把中国列为汇率操纵国。而此次“舒默议案”比上次更具威胁性，如果扣上汇率操纵国的“大帽子”，将会遭到美国一系列政策攻击。他们还要求财政部在4月15日的主要贸易伙伴国汇率制度报告中，正式给中国贴上汇率操纵国的标签。一切来得那么突然、那么紧急。让人感到措手不及。

如果按照他们的要求突然升值27%以上，就意味着国内所有对外出口企业将全面垮塌。不但是民营企业，整个中国经济将面临着重大打击。尤其是从议案发起到决定是否把人民币列入汇率操纵国，时间也不过20余天，美国似乎连谈判时间都不想给我们。当一切似乎无可挽回的时候，4月3日，美国突然宣布推迟向国会递交汇率报告，接着在4月8日，美财政部部长盖特纳意外造访北京。很明显，推迟向国会递交报告是为了给谈判以缓冲时间，造访也并非是直接谈判，而是为谈判搭桥牵线。

4月6日，国家发改委在“关于2010年经济社会发展工作重点”报告中的“外贸工作重点”提到，要“保持人民币汇率在合理、均衡水平上基本稳定，同时要加强监测分析，适时公开发布有关风险提示，减少企业出口风险和损失”。其实已经表明中国绝对不会让人民币快速升值。但由于美国先发制人用攻其不备的方式先实施了心理战，并“适当”拖延汇率操纵国的报告，既腾出了谈判时间，又能够制造异常强烈的压力。从盖特纳访华后，华盛顿方面的反馈认为人民币汇率松动机会正在增大。这就表明美国第一步战略计划成功。

2010年5月24日，中美第二轮战略与经济对话展开，此次会议对人民币汇率虽然没有重点详谈，但却是首次公开以会议形式进行交流。从4月到5月，有关汇率问题一直在谈判和博弈之中。但是从中美战略对话会议中为什么没有重点谈判呢？其实对双方来说，人民币汇率问题谈判在当时是不宜过于高调的。毕竟舆论压力可能会对谈判的进程造成影响。2010年6月19日央行公布重启汇改，此后一周开始飙升，6月26日，第四次G20峰会开幕。而在会议中，人民币汇率成为焦点话题，人民币汇率升值压力已经由美国一国开始向多国转化。

就在峰会开幕前的最后交易日，人民币汇率突然大幅升值。这也表明业界关于峰会对人民币施压也有所考虑。从此以后，人民币升值之路开启了。虽然说汇改以后在努力谈判下，没有造成我国因人民币突然大幅升值带来的负面影响，不过却开启了对外出口型企业的考验之路。而我国也并没有像美国当初说的因人民币升值而让经济过热现象冷却。反而加快了投机炒作过热和实体经济趋冷的双重矛盾，通胀也不知不觉中临近……

2010年11月2日，是美国中期选举投票日，决定了哪个党派议员席位更占主动。美国内政却不知不觉对人民币汇率造成了影响。由于中期选举预热提前两三个月就开始。所以9月开始，美国对中国商品贸易以及人民币汇率再次施压。

2010年9月13日～15日，在天津举行夏季达沃斯论坛。15日，美元汇率突然暴跌，人民币汇率相应上涨128个基点，紧接着，奥巴马针对人民币汇率发表讲话，再次重申应该放开人民币汇率。并且众院筹款委员会将召开为期两天的听证会，专门针对人民币汇率问题进行听证，一批“铁杆”要求人民币升值的议员准备炮制新法案专门针对人民币汇率。

9月21日，美国国际贸易委员会对中国输美的高锰酸钾和三氯异氰尿素继续采取5年高达39.63%和285.63%的反倾销税。9月24日，美国国会众议院筹款委员会投票通过了一项旨在对所谓低估本币汇率的国家征收特别关税的法案。再次把矛头指向人民币。在此期间，人民币汇率进入加速上涨期。

但是这个法案不过是虚晃一枪。9月30日，法案被宣布在中期选举后再议。没过几天，也就是2010年10月14日，美国参议院金融委员会主席访华高调谈论会谈就人民币施压。但从时间点和身份来看，此举更像是在中期大选前与中方达成谅解备忘录的表现。很明显，美国在5月已经达成目标，面临中期大选的“施压”是一种“政治秀”表现，而怕压力过大会导致中国“错误理解”让贸易摩擦升级。所以在国内舆论施压的同时来中国以求达成“共识”。

但是，美国为应对中期选举所做的一系列政治手段，却导致人民币汇率在9月～11月之间加速升值。可以说间接完成了美国的初衷。虽然最终奥巴马代表的民主党还是失利，不过一定程度上降低了席位损失。而人民币汇率却没有因此停止上涨的步伐，一直到2011年……

进入到2011年之后，人民币汇率依然稳步上涨。从2010年汇改开始到2011年6月已经累计升值5.5%。远远超过一年前业界升值幅度不会超过3%的预想。人民币升值幅度已经逐步超过了对外出口型企业的抗压能力。即使是相对赢利不错的企业，也将面临资金断链的危机。事实上，从2011年年后开始，民营企业就开始出现经营困难、倒闭等现象。业内普遍的看法是，这次“冬天”比2008年还要冷。

2010年到2011年，在奥巴马政府一系列的政策努力下，美国国内经济逐步稳定，失业率下降。国内经济复苏指数、企业赢利指数也在逐步恢复。除了在类似汇率政策的博弈之外，金融巨头们的无形推手，也起到了比较关键的作用。每一次政治动向变化，往往也是华尔街最忙碌的时候。此时人民币汇率总会连创新高。当政治上有了方向性取向时，市场往往会直接作出反应。

而一旦人民币升值成为大家的共识，那么汇率就会不断向某一方向延伸。这有点像国内被炒起来时的A股。不同的是，华尔街的触觉更加敏感，行动更加迅速，手段更加复杂。不管怎么说，美国复杂的金融体系虽然在2007年是引发次贷危机的始作俑者，但是到了2010年，这些破坏因子又成了分散美国金融风险、帮助美国达到政治目的强有力的助手。间接让人民币汇率在一定时间和空间内达到最大升值目标。

不过当我们回过头来再看一看每一次谈判的，会发现尤其是2011年以后，虽在汇率威逼方面开始减弱，但美国更强化“市场经济地位”承认作为谈判砝码。这个砝码也确实让我国盼了多年，并希望能获得进展。实际上却如水中捞月。

2011年5月11日，为期两天的中美战略经济对话结束，国务院副总理王岐山在记者会上指出，本轮对话圆满成功，美方承诺放宽对华高技术产品出口管制，并将通过中美商贸联委会以一种合作的方式迅速、全面承认中国市场经济地位。实际上却没有这么简单，所谓的市场经济地位承诺不过是另一场谈判的开始而已。尤其是美国说会通过“中美商贸联委会”承认中国市场经济地位。在2009年 的10月28日~29日，第二十届中美商贸联委会会议在杭州举行。并且，“中美两国已就反对贸易保护主义、加强能源合作以及环保、旅游、农业等领域经贸问题达成多项共识，取得重要成果。”“美方表示，将加强与中方的沟通和磋商，避免滥用贸易救济措施。美方在进行出口管制体制改革进程中，将与中方合作，妥善解决中方关注的问题。”紧接着达成的共识是“中美承诺不出台新的贸易保护措施。”

多么熟悉的话和悦耳的承诺。但是会议刚刚结束没有几天，11月2日~12日的10天之内，美国商务部对华提起贸易案件达20起。紧接着对中国的贸易保护案以及对汇率施压进入一个新时期。就在这种压力下，2010年中美战略与经济对话再次与美谈判。最后达成“共识”，一个承诺换取中国对美核电以及新能源的技术及产品买卖项目，逐步开放金融系统，扩大对美投资。

这一年美国重点是放在人民币汇率升高常规化，在“低碳”名义下迫使我们同他们合作新能源的技术以及核能。有限度地开放金融领域并允许QFII进入股指期货市场。在2011年5月刚刚结束的战略对话中我们可以看到，因为人民币快速升值达到了美方的愿望，并且再次有了新的目标，再次搬出考虑承认中国市场经济地位这杆大旗。

新目标是，在保险行业开始扩大对我国的业务，美国在内的外国保险公司将被允许在中国这个世界上最大的汽车市场上销售保险。这就意味着长久以来国内的保险市场的格局将逐步发生巨大变化。另外就是金融系统继续扩大开放。中国承诺将逐渐增加其“合格境外机构投资者”项目下外资银行对华股票和债券市场投资金额。据美国财政部称，2010年这一项目下的配额已增加25%，投资金额达到210亿美元。也就是说在本次会议后，美方将会继续扩大对中国较封闭的金融行业进行投资渗透。并获得中国在新能源等项目巨大订单，在获得订单同时，对于技术领域核心部分，美方却竭尽全力保护，据美国《福布斯》杂志等一些媒体的披露，美国国会批准的本财年预算法案，对中美科技类合作进行了限制。

最重要的是对知识产权方面的进展，其目的是能够改变中国目前知识产权现状，让美国没能收取巨额知识产权相关费用。而美国因知识产权收取利益占比也成为其经济的重要支柱。因此，在2011年，美国再次利用“市场经济地位”承认达到了目的。

为什么市场地位承认如此重要？其实2010年我国领导人多次大费周章出访欧洲甚至出资援助希腊等国，就是希望缓解这方面的矛盾，有步骤地借此进行谈判。说白了，“市场经济地位”本身概念的建立，就是欧美国家用看似合理的方式设置贸易壁垒。一旦承认市场经济地位，就意味着很多产品不能收取重税，物美价廉的中国产品到了欧美，自然会对国内产业造成一定冲击。

所以，这个规定本身就是一种借口。实际上我国企业生产、出口等行为均是市场行为，那么这些企业自然也是市场经济的产物。从这方面来讲，欧美更多是一种政治谋略。

其实想要欧美各国承认我国的市场经济地位，难度很大。作为美国是利用我国迫切想得到承认来达到自己的目的，短期内根本无法完成。这方面只能一步一步谈，逐步让某些产品开始松动。一下子解决问题的可能性几乎是不可能的。所以不能因为对方这一“诱惑性动作”而有过多幻想。

当了解了美国对我国实施的一系列经济方面的政策以后，往往有些疑问，为什么人民币升值没有阻止通胀，到底有没有带来好处呢？相应买东西应该便宜，为什么还不断面临物价上涨的威胁呢？这当中，政策与金融活动结合的威力逐步显现了。

第四节　石油与玉米谁是谁的扯线木偶

玉米和石油，这原本是两样毫不相关的东西。但近几年就是这两样原本毫无关联的产业，却产生了某些必然联系，并藉由这层联系让国际能源格局、大宗商品期货以及粮食产业、养殖业等等都发生了巨大变化。到底是怎么回事呢？

美国与中国国情有很大的区别，尤其是农业。美国有着960多万平方公里土地，但人口却只有3亿，在世界上处于特殊的地理位置，让这个国家免受外来战争之苦。其土地植物繁茂、土地肥沃，逐渐成为举足轻重的农产品出口大国。其中，玉米的产量也十分惊人，年产量在120亿蒲式耳（1吨玉米=39.37蒲式耳）以上，在过去20多年均占到全球产量的40%。但随着世界经济格局的变化，玉米的战略地位开始提高。而美国又是玉米主要生产大国。如何能让玉米战略地位得到体现需要下一番工夫。

中国加入WTO以后，国门逐步打开，同时可以发现我们受国际大宗商品价格的影响越来越大。值得注意的是，这些问题在美国本土基本不存在。为什么近几年开始我们越来越能感受到国际金融商品价格的影响，甚至国际商品期货涨，我国油价、粮价、副食品价格也会涨？到这个时候，我们发现原本由市场供需决定价格终端的时代过去了，因为玉米价格暴涨暴跌现象开始频繁出现。而几乎每次我们都可以看到，油价暴涨，玉米价格也暴涨，油价大跌，玉米也大跌。

其实，这就是因为美国对玉米的使用途径进行了华丽转身，用玉米制作乙醇，而乙醇可以作为一种清洁能源使用。但美国对此项能源需求并不迫切。因为美国不但是石油生产大国，还是石油战略储备最多的国家。近年来甚至出现本土石油储备库饱和不得不海上租油轮的事情，最起码在几十年内，美国不需要担心能源问题。另外，玉米的秸秆也可以被制作成乙醇，从这些方面看来，美国其实就是要抬高玉米的战略地位。为的是“明修栈道，暗度陈仓”，先让玉米变成新能源产品，这样就可以以新能源产业名目进行高补贴。这样机械化农业的低人工、低土地成本加上高额补贴，让美国农民只要种玉米就能赚钱。这自然大大调动了农民生产的积极性，并借此确立了玉米的战略地位。虽然我国对玉米产业进行保护，国外玉米无法直接以更低价格全面倾销。但玉米本身也是重要的饲料。所以美国用玉米以能源做“栈道”，用饲料当“陈仓”才是其真正的目的。用这些低价饲料作为养殖业及相关副食品行业产业链条中的上端就成为经济产业中的重要控价手段。

要真正建立玉米作为饲料价格掌握中枢，就必须走两步棋：第一步，就是借玉米“能源”名号完成与原油期货价格相对联动，这种联动并不需特别紧密，只需关键时候有联动性即可。这种与石油用途接近的性质，就决定了其联动效果。其实这一步比较容易达到。但想让整个产业价格随着自己的意愿走，破坏对方产业供需结构，则需要第二步，就是逐步侵蚀对方玉米的产业利润，破坏对方原本的供需结构。

2011年，一场关于广西美国品种玉米种是否被转基因以及转基因粮食是否有害的辩论逐步升级。转基因是否有害暂且不论，但从此事也带出一个事实，就是这些玉米的种植成本更低，就长期来说，这会对传统的东北玉米种植产生影响，增加了东北玉米供需矛盾。因为相对而言，不管与广西玉米还是与进口玉米相比，东北玉米相对成本都更高些。虽然我国对美国玉米的进口有设置障碍，但更多的是针对转基因的品种，却并非针对倾销问题。数据显示美国玉米产业用于饲料工业的占到了60%以上，而出口又占世界出口总额的60%。且对于产业补贴十分惊人。1998年到2008年，美国对玉米产业补贴了近300亿美元。这也就让玉米的低价倾销有了底气。下一步就是价格操控以及掌控下游产业。

当玉米价格与石油价格联动之后，国际石油价格就会逐步影响到玉米价格，加上玉米倾销，就造成了双重影响，让国内的玉米价格受到国际价格影响。与此同时，一些玉米的饲料商自觉在关键时候囤货惜售。一个大的运动体系就此完成。

与当年的大豆产业沦陷差不多，在2009年至2011年间，玉米市场价格短期暴涨暴跌现象非常严重。国内不得不在2010年5月29日宣布允许企业进口以抵御抢购潮。自此开始，玉米产业逐步被入侵。到了2011年，很多家禽、家畜养殖户不得不面临因饲料大幅上涨导致利润尽失的窘境。很多要么被收购，要么倒闭。

当国内玉米产业遭受到打击之后，受国际价格影响就更大了。我们不能说完全被国际金融市场掌控了定价权。但最起码玉米相关产业价格已经不是自己说了算的。通过一组数据，可以看到石油与玉米的微妙关系。2008年1月国际市场玉米价格上升24.6%。同时，油价最高到每桶124.61美元。2008年6月以后到年底石油进入下跌期，共下跌了69%，玉米价格也在同时跌了45%左右。最有意思的当属2011年6月，先是16日美国参议院通过取消玉米乙醇补贴的议案，让玉米价格大跌，没几天美国宣布动用石油战略储备稳定市场价格。从这两件事的时间点可以清楚地看出，石油与玉米的国际价格联动，不仅具有经济方面的“巧合”，更加具有政治的必然联系。

总之，就是这种透过金融领域作为总控制点，低成本倾销破坏行业链条供需平衡，逐步让经济走向受到金融领域的挟持，并借此向纵深发展。

第五节　中国概念股缘何“集体崴泥”

2011年6月8日，在美上市的“中国概念股”全线下跌。舆论的目光，均投向了在美国上市的“中国概念股”上。国内知名网站当当网更是首次跌破16美元发行价。自其上市首日就曾经创造大涨86.94%的当当网，已辉煌不再。据统计，2011年在美上市的12家“中国概念股”中曾有10家破发，比例达到了83.33%。2010年上市的更是大面积破发。而中国概念股的最大特点是上市首日大涨，之后就全面下跌。

2011年以来，“中国概念股”陷入了全面“财务造假危机”。6月，有5家“中国概念股”遭退市，15家被停牌。有24家中国公司因财务造假被查陷入困境。因此美国券商盈透经纪公司甚至发出了封杀令，禁止客户用保证金购买130多家中国公司股票。这130多家中国公司中，约有90家在美国市场交易。一场令中国企业无法面对、却又不得不面对的诚信危机如多米诺骨牌般倾覆下来。到底为什么“中国概念股”会屡屡在美遭遇财务造假的指控？股价为何屡屡下挫？“财务造假”真的在中国概念股中普遍存在吗？想要明白原因，就必须从中国企业的上市根源，以及美国对于上市公司的监管说起。

很多中国企业一直把在美国上市作为自己的终极目标。原因很简单，因为美国拥有世界上最复杂的金融体系和完善的法律监管体系，更加公平公正地对上市公司进行监管。国内企业希望透过美国上市融资的同时，为企业“国际化”打开全新局面。

中国企业在美国上市，经历了四个高潮期，第一个高潮期是20世纪末，以新浪、搜狐、网易等门户网站为代表的企业，随着网络泡沫破裂，网络企业到美国上市的热情渐渐淡了下来。第二个高潮期是以盛大、百度、腾讯等国内逐渐崛起的网络巨头为代表。此时这些在国内已经成为网络中坚力量的企业，成为这一时期“中国概念股”的代表。第三个高潮期是以阿里巴巴等以电子商务为主要发展方向的网络企业。第四个高潮期就是2010年到2011年间，主要是以娱乐、视频等为主的网站，例如当当网、优酷、土豆等等。

仔细看这四个高潮期，往往是伴随着中国网络企业各自发展的高潮进入美国的。每个时段，基本都是该类企业发展得最好的时候。当企业发展一帆风顺并有扩展需求的时候，大家都毫无例外想起了美国。但想在美国上市并不容易。除了各种限制和壁垒，对于公司长期发展稳定与否、赢利能力的持续等问题把关很严。因此，走出去的企业基本都是直奔纳斯达克、清一色网络类企业。因为从技术上来讲，纳斯达克基本上是我国民营企业想在美国上市的唯一途径了。

在纳斯达克上市有着因鼓励网络企业发展的核心本质，相对有比较低的门槛。美国投资者又对网络企业成长性信心较高，融资额数目也就非常可观。相反在国内，则没有这么宽松的融资环境和门槛，尤其是对这些民企来讲。

因此，一拨拨国内著名网络企业走上了美国上市之路。但对美国融资系统不够熟悉，也不够专业，就必须要找审计师事务所、投行券商、律师事务所等来帮助进行财务审核以及做承销商等工作。由于这些机构的首要目的是先赚钱，所以在上市过程中，提供虚假数据、夸大营业利润和不严格审计的现象屡屡发生。这些都是为了在上市之后能融到更多资金。因此，企业本身肯定是持欢迎或默许态度的，无论对承销商还是企业这都是互惠互利的事情。

于是“中国概念股”普遍或多或少有造假问题。可是，这些企业却低估了造假后果。在国内上市，即使出现对公司业绩进行粉饰的现象，也不是什么大事，因为我们行业监管规范虽然定得非常严格，但是真正执行起来却比较困难，而且比较难抓住证据。这种由控方举证的规则，造成了上市公司即使违规也不容易被抓到把柄的事实。

但是在美国则完全不同。美国对于财务造假、透过内幕消息违规获取利益等行为打击极其严厉。一旦发现问题，不但公司要面临大规模的指控，还要由辩方举证自己没做过违法的事。对于金融违规导致的犯罪绝不容情。

这种财务造假公司一旦被发现，其诚信体系就立刻垮塌。因此，当国内企业默许做了“业绩粉饰”之后就埋下了隐患。顺利地上市、融资之后，那些帮助企业上市的投行券商及其他机构也得到了巨大利益。除了利用便利做金融投机，还包括进场费、审计费、律师费和券商费用等。

据统计，中国公司在纳斯达克上市数量达 88 家，融资额总计 850953.4 万美元，而参与上市的券商、律师事务所、审计等机构也是获益不少，其中，88 家公司付给承销商的费用合计约为 59566.7 万美元，占融资总额的 7%。就是在这种利益驱动下，出现了违规事件也就在所难免。可是一旦事情有所变化，这些机构就会马上翻脸，甚至充当举报人的角色来撇清自己的关系。

有个非常轰动业界的例子，就是美国龙昌会计师事务所举报案。2011 年 3 月初，美国龙昌会计师事务所对其审计的包括纳伟仕、岳鹏成电机、中国晒乐照明等 4 家中国客户，向美国证监会举报了它们涉嫌财务造假，并指出还有数家公司也有造假嫌疑。虽然此举让该事务所与中国公司“决裂”并影响了业务，但从此撇清了关系，避免了法律制裁。涉嫌造假的公司却“倒了霉”。直接导致了官司缠身，有的直接退市。更重要的是，如此一爆料，整个美国舆论的目光瞬间集中到所有在美国上市的中国企业上。并且从此掀起了“中国概念股”的信任危机大潮，不但舆论谴责和质疑，还引起了司法部门的注意，对“中国概念股”全面调查。拔出萝卜带出泥，真的查出了多家违规企业。

这个时候，那些曾经是“朋友”的投行、券商们，往往就会趁机做空“中国概念股”，再踩一脚赚取利润。一切看起来似乎像是一场阴谋，但永远找不到主谋。一只无形的巨手推动着事件的发展。对于美国投资者而言，他们才不管是哪家公司，只要看中国公司出问题了，就觉得所有中国企业都是不可信的。这样自然就会进入恶性循环。

作为中国企业一方，似乎也有说不出的委屈，大有哑巴吃黄连之感。但企业自身没有责任吗？在准备上市的过程中，国内企业往往喜欢寻找美国的一些小审计事务所。自认为有审计宽松、收费低廉的好处。殊不知这么做一旦出了事情，自己在法律上得不到任何保障。类似龙昌这样在美国注册的事务所，在中国执业是非法的，也没有执业资格。属于私下开展业务，一旦有什么问题，企业也是欲告无门。国内上市就万事大吉的思想，在美国根本行不通。

一旦出现了多起事件，往往整个中国企业的形象就会大打折扣，自然免不了“误杀”。我们是无法改变这些事实的，也没有什么充分理由去指责美国的舆论导向。就像三聚氰胺事件，一个公司的问题迅速蔓延到整个产业，就是因为一家企业成为爆发点，接着发现别的企业也有类似现象，逐步会引发了全行业信任危机。

然而，如果在美国上市能够洁身自好，对自身管理方面进行完善，透过正规、权威的机构审计，又怎么会出现这些事情呢？很多在美国上市的企业事后萌生了退意，并有回归国内股市的打算。颇具玩味的深层意思是：“因为造假，在海外玩不下去了，还是回来忽悠吧。”如果企业抱着这种思想回归，那么它们将来总有一天还是要面临诚信危机的出现，如果因为害怕别人的游戏规则而放弃，那么最终就只能困在一隅，这样的公司又有何前途可言？

不可否认，中国企业正面临着国际规则和金融大佬们等多方面的挑战威胁，但是如果我们能规范企业管理，用诚心业绩回报股东，痛定思痛全方面整改，让自己逐步熟悉国际金融游戏规则，放弃固有对业绩进行粉饰、上市圈钱的思想，那么国内企业就不会落进自己给自己设的“圈套”中。苍蝇不叮无缝的蛋，“中国概念股”的诚信体系也会重新建立，并且恢复投资者信心，企业才会健康发展。

第六节　国际金融资本的游戏该怎么玩

从近10年来我国的发展看，要比过去面临更多的挑战。尤其是面对复杂的国际关系时，不但要面对那些金融体系发展完备的国家的挑战，更要学会怎么在游戏规则下生存和发展。不管是国家还是企业，曾经有太多因为对国际规则不熟悉而吃亏的事例了。比如轮胎特保案，我们明明有机会打赢官司，却没有能够拿出有利的证据，没有了解国际规则而败诉。再比如说家电倾销指控，相当长时间内企业竟无一应诉。只在近几年才开始学会应诉。企业要走出去，要发展，不但要熟悉对方的企业运作原理，更应该明白人家的游戏规则。

看看美国一扣紧似一扣的行动，不可否认其中有很多是不合理行为，但是他们就会透过看似合理的规则来规范，最后拿到最大的利益。有时候，我们似乎只赚到了面子，实际操作中却吃了大亏，长此以往整个经济发展都陷入瓶颈，没机会真正走向国际。

我们再回过头来看汇率之战，从开始轮胎特保等贸易壁垒行动，到“舒默议案”的提出，再到进入谈判。最后成功令中国再次启动汇改。一步步严丝合缝，没有一点多余动作。而那位美籍华人骆家辉，时而扮演亲善大使，时而绵里藏针，利用华人身份为美国利益作最大努力。这就是美国体制下的官员，忠于职守。可是往往这种亦中亦美的身份迷惑了我们，让我们放松了警惕。

很有意思的是人民币汇率，往往也跟随着会议进程而变。那就是从美国提起汇率操纵议案前后，人民币汇率开始悄无声息地上升。但是到盖特纳访华前后，突然开始停止升值，确定汇改后人民币进入升值期。整个过程竟然与政治配合得如此默契，不得不令人佩服。

有人会认为这是阴谋，或者有人觉得这样只是巧合，那就完全错了。因为从华尔街的行动步伐来看，很明显并非直接受到政治授意，而是凭借美国金融体系对政治的敏感触觉。他们很明白每一次政府人物出访目的是什么，怎么让利益最大化。在获取利益同时，又能够不自觉完成与政治同步的行动，这才是厉害之处。

而从美国政治官员班底可以看到，很多人曾是华尔街叱咤风云的人物。很多华尔街的高层也有从政经历，往往是这些人，对于美国政治走向和金融脉络非常清楚。自然不需要打招呼就能明白下一步该怎么走。这才是政治与金融契合的可怕之处，并非是一两个人就能像孙悟空那样大闹天宫。

国家、企业、机构都是一样。我们似乎很多时候没有做好准备。就像是市场经济地位承认这件事，对方很明白我们对市场经济地位承认的迫切性，但是我们却没有能够了解每次对方主动提出这些具有诱惑性条件背后的需求是什么。也就是说，对方很明白我们的底牌，但是我们却不了解对方的真正意图。

当一切尘埃落定，市场经济地位依旧是“慢慢谈”的事情。我们才明白对方是为了什么。我们有一种思维需要重新定位。那就是每次我们作出让步，给对方优惠，或者拿出资金帮助对方，期盼对方礼尚往来，但历史证明，根本就没效果。对于影响利益的事是他们绝对不会让步的。

这一点在我们企业当中也普遍存在。很多企业认为只要能够帮助自己海外上市，多动用点人脉关系，多花点钱不要紧，关键是能够达到海外圈钱的目的，账目能糊弄就糊弄，让那些投行、机构和券商们多拿点利益又何妨？可是最后发现，这些为了拿到利益的机构一旦达到目的，就会撒手不管，甚至出卖曾经给他们利益的企业。

为什么会这样？因为他们很明白自己国家对于金融监管方面的游戏规则。而中国企业这方面准备很明显不足。有这么好的“大头”可以出卖，何乐而不为？就像龙昌会计师事务所事件，虽然事后他们诉苦流失客户、信任危机。但是却避免了被监管严格法律指控缠身。这时候，面临法律质询、舆论指责、信任危机等重重打击，中国企业往往无法立足。

另外值得注意的是金融与民生物资方面的产业相结合的配合操纵。可以在短时间内令某种物资价格大幅涨跌，最后逼停国内生产企业和个人让他们无钱可赚，同时再悄悄大批收购。明明是整天对着数据做计算的金融投行们，却悄无声息的跑来中国收购粮仓、工厂、生猪养殖等企业。这不能不警惕。以实体产业做根基，国际金融进行呼应的形式将会越来越多。

2010 年至 2011 年间，民生物资产业暴涨暴跌现象很多。并且很奇怪的现象是，暴涨很容易让消费终端感受到，但暴跌却很难让消费者感受到。但上游种植、养殖户和企业往往最能感受到。对他们的打击往往呈连锁效应。因为产业的一端发生变化，整个产业相关链条的价格就会起一连串变化。这样影响的不光是经济国际化发展问题，还会牵扯到国计民生问题。以前国际上有太多例子让我们觉得触目惊心，亚洲曾经辉煌过的四小龙甚至是俄罗斯这样的大国，都吃过类似的亏。

因此，我们国家和企业在应对日益复杂国际关系的时候，应逐步适应并且掌握游戏规则，不能总活在自己的世界中，要学习规则规避风险，更要学会利用规则来实现利益最大化。

如今，我们没有能力让别人照我们的游戏规则玩，但我们有能力学习对方游戏规则并且玩得更好。其实我国民营企业“华为告摩托罗拉”的案例已经告诉我们，只要善于学习善于利用，也是可以得到应有权益的。经济发展要应对更多国际挑战，就只能适应，绝不能退缩，否则最终被淘汰的只能是我们自己。

第七章　老百姓吃不起背后的利益驱动

近几年，民生物资暴涨暴跌现象非常严重。这种暴涨暴跌发生在产业链的两端。暴涨时，最上端生产环节没有获得或获得很少利益，但消费终端却价格猛涨。暴跌时，上端生产者血本无归，但下游消费终端却没有感受到实惠。这种暴涨暴跌现象频繁出现也就促使了贫富分化现象更严重。是什么导致了暴涨暴跌？又是什么让产业成本上升？为什么很多种植、养殖户做不下去了？本章将详细介绍……

第一节　从“蒜你狠”开始的类股市裂变

“蒜你狠”、“豆你玩”、“姜你军”、“棉花掌”、“苹什么”、“辣翻天”、“玉米疯”等词语，成了从2010年开始出现的新词汇。这些看似轻松戏谑的词语背后，是一连串快速涨价的名单。从单一品种暴涨到带动同类产品涨价，最后发展到整个民生物资全面涨价。是谁掀起了一个个涨价潮？这种涨价轮动现象又是从何时开始的？

2009年年底一场甲型H1N1流感肆虐全国。这种新型流感突降让人措手不及，新型防治疫苗的研制也需要时间。加上其传染速度快、死亡率较高的特点，让人无所适从。尤其孕妇感染病毒就特别麻烦，对孕妇、对胎儿都是很危险的事情。

这时候往往是最没安全感的时候，总要寻找一些心理安慰，吃一点预防药，增强体质增加抵抗力的欲望瞬时增强。于是像“非典”时期一样大街小巷的板蓝根再次被抢购一空。就在此时，“商机”出现了，有人开始偷偷收购大蒜并大量囤货。同时坊间有消息传出说大蒜有助于预防“甲流”。这一说法迅速蔓延，越来越多人抱着“宁可信其有不可信其无”的态度购买大蒜。

大蒜第一波涨价潮从此开始。从下面一组数据可看出涨价潮如何从板蓝根等药材过渡到大蒜跟风。2009 年年底，板蓝根从 5 - 7 元涨到14 - 16 元。金银花从 30 多元蹿到 200 多元。此时开始，大蒜从 1 元多直线上涨到 4 元多并且势头不止。同时辣椒也在疯涨，从 3 元涨到 16 元。

转过年来虽然甲流疫情得到控制，大蒜预防“甲流”的谣言也逐渐散去，但大蒜却并没有停止上涨。越来越多的人看到其中暴利加入了炒蒜队伍，不仅有资金雄厚类似“温州炒房团”的身影，一些有实力的白领也参与其中。他们透过“组团”形式参与交易与一线中间商进行买卖。大大小小的资金不断涌入，逐步把价格推高。此时大蒜已上涨到 8 元一斤。越来越多资金进入，让大蒜变得奇货可居。

于是这股无形力量驱使多余的资金到处寻找机会，去找寻与大蒜条件相当，易储存、价格便宜，又不会影响百姓生活、不被注意的品种。恰逢其时，一个突然蹿红的“营养学家”张悟本，造就了另一产品——绿豆价格被炒上了天。

按照张悟本的理论，绿豆可治百病，并用“浅显易懂”的理论让大家相信，随着他知名度越来越高，绿豆价格蹿上了天。2010 年 2 月张悟本的“养生”节目播出后，绿豆已经开始涨价，从 10 元 3 斤的价格涨到 10 元 2 斤。张悟本被查伪造证件事发前，绿豆价格涨到 13 元一斤。这时，民间炒作行为开始扩大，黑豆也沾光被炒。张悟本被查后，绿豆价格终于小幅回落，但生姜炒作又轰轰烈烈地展开。

据新华社全国农副产品和农资价格行情系统监测，2010 年 7 月 14 日 - 8 月 15 日，全国生姜价格连涨 33 天，达到每斤 6.57 元，累计涨幅达 18.2%。从全国各个省、直辖市、自治区来看，近五成的省、直辖市、自治区的涨幅超过 20%，其中上海、天津、江苏涨幅居前，分别为 34.3%、32.7%、31.4%。此时已不要太多炒作理由。炒作，从开始以突发事件制造舆论，变成了只要易存储、种植面积减少、新旧交替的短缺真空，或者大旱减产，出现任何一条即可被炒作并连续疯涨。

待炒作“蒜你狠”、“豆你玩”、“姜你军”规模化后，投机资金变成一股难以控制的力量进入民生产品领域到处乱窜。2010 年 9 月，棉花价格开始暴涨，随后 10 月份食糖也进入涨价加速期，封为“糖高宗”，糖价连创新高，现货中间商报价已经超过了每吨 6000 元的价格。这时基本每月都有品种上涨。

投机炒作大环境逐步入侵百姓“菜篮子”。2010 年 5 月起，苹果、黄瓜、白菜、土豆、菠菜、茴香、韭菜、蒜苔、卷心菜、油麦菜等等蔬菜出现阶段上涨。蔬菜零售商感叹，卖菜感觉像在买股票，一天一个价。

确实这时炒作不但向全方位扩大，而且也由易储存的“长线”产品，向不易储存的蔬菜进攻，进行“短线”操作。市场已经到了逢菜必炒的状态。此时炒作热潮更像是 2006 年至 2007 年间的 A 股，几近疯狂的暴涨新品种每月都能看得到。国家为稳定物价加大“菜篮子”工程建设。可由于投机资金来无影去无踪，最终效果差强人意。市场已经逐步脱离供需决定价格的市场规律，而是任由资金暗流涌动飞涨。

但就像股市会经历牛、熊市一样，炒作也会有结束的一天，到一定阶段，投机资金也会开始流出。进入 2011 年，市场开始发生变化，随着“菜篮子”工程让蔬菜供应量的上升，蔬菜的价格开始大幅下降。曾经辉煌的“蒜你狠”变成了“蒜你贱”。2011 年新蒜开局仅每斤 1.5 元左右，直接回到了 2008 年的价格。“苹什么”价格也几近崩溃，2011 年 5 月下旬，山东菏泽经销商反映，部分苹果品种如“秦冠”已经低至每斤 0.75 - 0.8 元，相比进价亏损一半，红富士只能卖每斤 1.2 - 1.3 元。而在 2010 年 10 月，山东的一级普通红富士曾一路飙升至每斤 3.5 元左右。

同样命运的还包括生姜、白菜、土豆、卷心菜及其他各种蔬菜。菜农在 2011 年亏得血本无归，甚至出现山东菜农自杀事件。可炒作资金却毫不留情地退出，把最终的伤害，留给了辛苦一年的菜农。

从炒作资金流向不难看出，2009 年开始越来越多资金进入到投机炒作行列。其来源虽无法用较为权威的数据来判定，但根据发展趋势看，2010

年是投机炒作最严重的一年，恰恰这一年楼市调控以及货币紧缩逐步加紧，汇率升值也带来负面影响，导致地产和实体经济恶化逃出的资金进入投机领域，像滚雪球一样越来越大。

这种物资炒作危害极大，不但令民生成本上升，还扰乱了正常市场供需关系。同时，投机资金会更加聚拢，利润也会更丰厚，民生则会更加困难，加速了贫富分化。由于炒作资金针对项目太多且游移不定，令现有司法监管方式很难抓住实证，只能抓几个典型，或者让储存库涨价，其实治标不治本。

另外，各地方花大力气扩建“菜园子”工程本意是好的，但由于菜价脱离了供需控制，直接被投机资金绑架，所以没有实质性帮助。随着炒作资金离开，菜价突然降下来。多余供应量也成为2011年菜农血本无归的原因之一。

因此，一个合理资金导向系统最为关键。但一个现象我们很值得探究，那就是在菜价逐步贱卖掉进“分”时代时，零售环节菜价却没下跌多少。这其中原因很多，但其中一点不能够忽略，就是近些年愈演愈烈的外资超市价格垄断现象开始出现。

第二节　外资零售产业对农业成本之影响

随着外资不断进入服务业，“超市”逐步取代了中国传统柜台式服务的商店模式，购物确实方便多了。但我们发现一些外资零售业集团开始出现价格欺诈现象。不仅如此，面对供货商时也时常出现拖欠货款或者逐年压价，“进场费”年年创新高，对下游消费者却逐步涨价。尤其春节期间，消费者购物需求大增。像家乐福、沃尔玛这样的跨国服务业巨头不断被媒体爆出类似问题，甚至逼得商务部直接插手。说明服务业正面临着较严重的问题。

2011年的1月，家乐福五个门店因价格欺诈被罚后，“家乐福虚价事件引发春节退款投诉潮”消息又出来，再次把这家大型超市推到风口浪尖，并引发热议。甚至因为虚高价格投诉，出现消费者与保安冲突。虽然往年此类事件也屡有发生，但像 2011 年这么多投诉和冲突事件却不多见。时隔几天，沃尔玛襄阳分店也出现了价格欺诈被罚问题。家乐福因“进场费”等问题又让商务部不得不介入。外资零售业在中国逐步扩展业务的同时，其垄断行业本质开始初露端倪。

外资零售业巨头对上游供货商拖欠货款压榨进货价，又在入场费上不断抬高门槛，让中小厂商无利润可赚，对老百姓又提高价格增加消费成本，可以说上下其手，霸气十足。

可为什么前些年没出现这么多问题？这些服务业巨头刚落户中国的时候，让百姓体会到了方便、洁净、物美、价廉。仅仅不到十年光景就出现了这么多问题。在国外这些超市却始终如一，服务一流、价格合理。同样大型连锁超市，在我们这片土地上却为何露出完全不同的面孔？原因很简单，那就是产业链条垄断。

就以家乐福和沃尔玛发展为例。从他们在中国发展速度来说，家乐福远远快于沃尔玛。其分了几步走，先是重点城市布局慢慢扩散到所有一线城市，然后在重点城市分散网点巩固地盘，最后向二线城市发展。其开始的竞争战略是以低价模式与同行业竞争，以本伤人。因其强大的经济后盾，本地商铺自然慢慢被淘汰。在逐步控制城市商业网点后，就开始对上游供货厂商压价，把进货成本压到最低。然后对中下游厂商抬高“进场费”。直接面对消费者时，根据产业垄断情况进行价格调整，做到利润最大化。

虽然家乐福在某些产品搞特价吸引消费者，但其他产品比本地商铺零售价要贵得多。这种差异化营销模式，已成其制胜法宝。先用低价商品把消费者吸引过来，再让消费者购买店内高低利润不同的商品，最后做到合理化赢利。这种做法让家乐福风光无限，当然也惹来很多非议。其因对上下游利润压榨过于“残忍”而闻名业内。随着网点控制越来越多，在同行业的话语权也就越来越大。如今在全国分布极广，近 30 个重点城市拥有 100 多家大型超市，超过 3 万多名员工。如此强大的商业网络也就难怪其霸气十足。

沃尔玛近年在中国发展规模和赢利不如家乐福，最让人奇怪的是，一家在全球运营十分成功的大型连锁商业集团，资本和规模远远把家乐福抛在后面，但在中国发展却不尽如人意，远远不如家乐福迅速。

可胜负却不能由此判断。沃尔玛虽然近年城市网点发展没有家乐福多，发展也不够迅速，但从发展趋势来看，未来沃尔玛攻击性可能会比家乐福更强。从行事看，沃尔玛更低调。但可能会在未来的某一天突然占领市场。为什么会有此判断呢？我们来看看沃尔玛的发展模式。

从沃尔玛网点发展来看，其发展重点一直与家乐福背道而驰，家乐福以一线城市为重点全面开花，而沃尔玛却先慢慢在中小城市和农村周边建立网点，然后才向二三线城市加码。这种“农村包围城市”策略目前实际效果并不明显，但却是未来战略的基础。

另外，沃尔玛逐步建立直购基地，大大缩减了中间成本，与家乐福压榨供货商的方法相比，其战略眼光要更长远一些。但短期效果则不明显，所以沃尔玛有时也会效法家乐福的某些做法。但沃尔玛一直在建立长期上下游供销网络平台。当未来这个平台建立完成并运行后，可能在农村、二三线城市网点瞬间变成强大平台的一部分，凸显其在全球拥有最强大配送能力的实力。当平台联接上下游产业集中销售的时候，其优势可能才会尽显，成本也会控制在最低，真正实现利润最大化。物流配送系统的无缝供应链管理让沃尔玛在全球占尽先机，所以到那时，行业竞争将会更残酷。

其实国内也曾拥有不少有实力和竞争力的零售商，上海华联就是一家历史悠久、实力强大的本土公司。但是在外资零售业进入的2004年、2005年后就大不如前，2010年才完成整合重新打造品牌竞争。很多企业或被并购，或被淘汰。例如号称广州“第一生鲜超市”的家谊超市破产，台资“好又多”2007年被沃尔玛收购……

为什么很多国内超市都在辉煌当中“死去”？每家倒闭或被并购的理由有千万种，但是真正导致失败原因是成本优势丧失。很多商场曾都有骄人成绩，但当洋商场一旦出现在了附近，基本都会慢慢陷落。一是因为外资背景实力强大，价格竞争处于下风。二是相比市场反应缓慢，没有随时根据消费心理变化掌握本土消费意识。三是成本控制失效，由于对上下游产业沟通和运转无法达到最佳状态，导致逐步失去市场竞争力。

所以当国际资本尚未出现时都还好，当其进入后，竞争资源会快速的失去，最后的结果自然是被淘汰。目前我们还有不少具本土竞争实力的零售业集团。很多还是多元化企业，但因没整体产业系统，形式较为少、散、乱，所以发展和运作很可能走进瓶颈。

因此不管家乐福模式、沃尔玛模式谁更成功，最终都会导致其商业模式不断在中国侵入式扩展。有一点非常值得注意，外资集团虽然本身也是竞争对手，但是当产业垄断发挥作用时，它们会不约而同进行价格攻守同盟。这种所谓“共赢”模式在实现联合垄断同时霸占了市场主导权。

由此让人想到，为什么20世纪80年代美日谈判的时候，日本宁可让美国进攻金融系统也决不放开服务业的原因了。因为一旦让服务业进攻进来，日本强大的农民话语权很可能全线崩溃，并让经济陷入更大危机。而2011年起，家乐福准备进军社区零售服务业，可见这些巨头目光已经更远，并逐渐细化渗透，而本土零售商也将面临进一步威胁……

面对国际集团的进一步侵入，本土企业必须要做到的，不是打价格战，而是趁尚有竞争实力，逐步打通上下游的网络，加快从上游到下游运行速度，以空间换时间，这样就能做到压缩成本。而如果能够以政府牵头建立一个强大的供销网络平台就可快速实现各自利润最大化，减低中间环节。当巨大系统平台建立起来，服务业也好、供应商也好才会更有希望并实现可持续发展。目前跨国集团正在做本土化企业该做的事情。如果再不觉醒，未来必然是全线垄断，遭殃的将不只是供货商，而是整个产业垄断危害。

第三节　敲了菜农竹杠的主谋

说起蔬菜种植，农民是非常辛苦的，每年担心旱涝霜冻等灾害，最后即使收成好也难保能卖出好价钱。且很多菜利润非常微薄，一年四季忙活换来的只是微薄的利润。

近几年整个经济环境发生了较大变化，农业尤其是蔬菜种植正遭遇前所未有的挑战，市场也逐步出现农作物投机炒作团体。原先市场出现波动时，菜价虽然上下起伏不定，但都在可控范围内，市场供需是价格变化主要因素。可是随着“蒜你狠”、“豆你玩”、“苹什么”、“姜你军”等出现之后，开始出现蔬菜炒作。虽然很多蔬菜炒作和囤积居奇都是暂时性的，但足以扰乱正常市场秩序，不但给小型批发商，也给农民都带来了误导和损害。

2011 年 4 月 -6 月全国都出现了卷心菜烂在地里的情况，大片土地种植卷心菜因为无人收购陷入了血本无归的惨淡境地。因换季必须种植新的作物，而拔掉菜需要人工成本，可怜的农民只好开着拖拉机直接到地里碾压。

这就有几个问题了。第一，市场上卷心菜真的过剩到要扔的境地吗？第二，为什么会有这么多人种植卷心菜呢？其实卷心菜采购是需要成本的，如果市价真的很低，运输成本加人工自然得不偿失。上一年蔬菜收购价格比较好，新一年农民自然加大种植面积。

从 2011 年 3 月 -7 月为止，市场上白菜、卷心菜等蔬菜零售价格并没有明显的下降。一方面是农民卖不出去，另一方面市场价格又下不来，利润被谁吃去了？当然其中缺不了运输成本的问题。但是 0.3 元一斤的收购价，到了超市变成了两块多，中间利润被吃去得太多。到了 6 月，卷心菜连一毛钱都卖不上，零售价格却无明显变化。来自农业部数字显示，2011 年 4 月 20 日，菜篮子产品批发价格指数为 178.9，比 3 月 28 日的 182.2 有所下降，如果从具体的蔬菜来看，降幅更显著。一方面通胀压力继续加大，另一方面收购价格暴跌，这个市场似乎让人们看不懂了。

可人们不知道的是，这一切都是因为垄断加炒作的恶果。蔬菜销售渠道除了要经过多级中间商，另一方面是垄断外资超市，形成了一把钳子，而就是由于各地大超市成为价格风向标，垄断了终端价格，使得零售价格不会随着市场需求变化，要变化最终只会突然涨价，但是想要降价却非常困难了。

另外还有一股来无影去无踪的投机炒作资金，不断在各种蔬菜间穿插短炒。每一天蔬菜批发价格都变得极不稳定。时而暴涨时而暴跌，不管怎么涨跌，牺牲的都是菜农和消费者。更由于通胀等因素，消费者逐步已经“适应”菜价逐步上涨的形势。单独炒作一种菜品时，这一季收购菜价就会相对上涨，农民尝到甜头之后会扩大种植面积，由于供大于求收购价被压低，最终零售市场菜品依旧保持坚挺。而近几年农民之所以屡战屡败甚至出现自杀事件全是拜这个市场的垄断把戏所赐。

农民就真只能任人鱼肉了吗？其实并非如此。来看看日本农民。日本农民收入以及待遇都比城市的白领要好得多。虽说日本土地稀少农民占一定地利，可是这些都不是关键所在。关键是在于政府很好地协调与统筹，保护了农民利益，并根除了投机商的生存环境。

第一，是在农产品质量要求上把关严格，然后对进口蔬菜类商品严格控制，坚决不能因进口菜冲击菜农利益。第二，绝对不允许国外大型垄断商场、超市集团进入日本消费服务业。这样避免了服务业垄断带来剥削农民利益的事情发生，并保持对农业进口高关税。据权威数据统计，2004 年日本农业保护总额为 52830 亿日元，其中 91% 是通过高关税提高进口价格实现的，远远高于同期美国的 35%、欧盟的 53% 和世界平均水平 60%。这也就让本国的农业免受外来农产品价格倾销冲击。第三，建立强大信息网络，时刻监控全国农产品产量种植，确保不会出现某种产品因产量过多影响销售价格的情况。强大网络的建立更有助于农民减少中间环节直接与零售商对接，减少利润瓜分可能。

然后日本政府再加强监督杜绝出现乱收税费情况，并在税收给予鼓励减轻农民负担。数据表明，日本对农业补贴已经超过了农业收入。20 世纪 80 年代以来，日本每年农业补贴总额在 4 万亿日元以上，农民收入 60% 来自政府的补贴。

据经合组织（OECD）的调查示：2000 年，日本对农业补贴已经达到国内生产总值的 1.4%，而同期的农业产值只占 1.1%。2009 年，尽管全世界都处于金融危机的阴影之中，日本深受影响，但农业补贴预算仍高达 25605 亿日元。补贴项目极其繁多，共有各类农业补贴项目 160 种，分布在农林水产各业各个方面，其中水稻业可申请补贴项目最多有 78 个，旱地农业补贴项目 76 个，园艺补贴项目 73 个，水果补贴项目 70 个，畜牧业补贴项目 69 个，其他补贴项目 112 个。

在强大的政府补贴政策下，日本农业受到的保护在世界也居前列。而更重要的是，日本农民有一个统一组织，该组织在议会极具发言权。这样最大限度地保护了农民利益。

回过头来再说我国农民，我国跟日本国情不同，但有一点值得借鉴，就是建立一个强大的市场监控网络，和帮助农民与零售方直接挂钩的平台，这样就会有效限制零售商价格垄断行为。

目前国内农村发展方向是正确的。尤其在近几年形成的农村合作社形式。相对比单一农户种植力量强大得多，也会因为机械、原料成本、人工共享有效降低成本。但是从整体发展看工作还远远不够。因为目前大部分农村合作社运作形式还只停留在原料、物资共享阶段。而合作社最重要的作用，是帮助农民建立巨大网络覆盖平台中心渠道的节点，这些节点因为具有较强的综合实力，能综合种植统一调配能力以及拥有价格话语权，顺理成章让农民享受到甜头。

但合作社在不了解市场变化下运作也很可怕。因为合作社实行统一调配，往往会种植同一菜品，一旦菜品价格发生变化，那么农民会一起亏钱，打击了农民对合作社的信心。所以，农村合作社要想真正实现其自我价值，就必然由政府牵头建立面对整个大市场的流通网络和共享网络。到那时，合作社也是这个大平台的信息输入站。当各种农作物种植情况分布以及是否均衡都在网络中时，中间商无法剥削利润，也无法囤积居奇坑害百姓了。

另外在惠农政策上加大透明度，让农民有效监督地方执行，并在公路运输成本上对农民实行特别优惠政策。最终零售价格下降，百姓买菜相对便宜，农民又能享受到最大的利益。这么做，一举两得。这样才能保证产业链两端受益，让民生成本下降。

第四节　吃不起猪肉的纠结

进入2011年，2010年曾经辉煌的“蒜你狠”、“姜你军”、“苹什么”以及蔬菜等等价格急转直下。但是玉米、猪肉等价格却在不知不觉当中迅速蹿高。2011年6月以后，猪肉价格直接与牛肉试比高。近些年猪肉总是“周期性”蹿升已逐步成了规律。

2011年5月开始时隔近两年，猪肉价格又有抬头迹象，并逐步扩大到全国。5月16日新华社全国农副产品和农资价格行情系统监测显示，全国猪肉价格去年同期相比上涨43.5%。其中，辽宁、吉林、河北、山西、安徽、湖北、湖南、四川、青海等省、自治区、直辖市同比涨幅已超过50%。有些省、自治区、直辖市猪肉价格已超过每公斤20元。7月初商务部公布数据，6月猪价环比上涨13.3%左右，第三季度猪肉价格环比增速远超历史同期平均水平，因此导致CPI环比增速受到强烈正向冲击。各地猪贩为了保证猪源，纷纷上调收购价格，南方缺少猪源的省市将目光瞄上了吉林等北方养猪大省。伴随猪肉价格一路上扬，生猪价格也节节升高。从各方数据和行业现状来看，猪肉价格暴涨不仅关乎这一个产业，甚至影响到通货膨胀压力的控制。

其实猪肉从2005年就开始出现暴涨问题，只是近两年比较突出而已。除了2011年3月因“瘦肉精”事件的短期原因外，猪肉价格涨跌幅度也与粮价、菜价、国际油价等有关，并持交互式涨跌。如果说2010年投机资金集中在各种菜食品类上，导致了2011年农民苦。那么2011年猪肉紧俏则因为玉米等饲料价格上涨引发生猪养殖场倒闭或并购。高盛等国际投行大量收购养猪场也不算什么秘密。其动作往往是饲料大涨—猪场倒闭—便宜收购—猪肉涨价。所以造成猪肉价格大起大落原因有两方面，一方面饲料成本上升，另一方面就像菜农一样，价格提不上去。主要问题还是集中在饲料上。

控制饲料价格始终离不开玉米价格。可是玉米价格却因种种原因与国际价格接轨，这是十分可怕的。因为只要与国际接轨就意味着与金融业打交道，就会受制于金融期货走向。造成这样局面的原因就是玉米危机。到目前为止，我国玉米种业90%以上已经沦为外资掌控。玉米是维系整个副食品价格标准的重要产品，决定着整个副食品产业链的价格机制，其中就包括猪肉产业。

所以在饲料价格脱离供需掌控之后，就等于把掌握猪肉价格的主动权丧失掉了。据报道，2011年5月25日，玉米主产区价格普遍一周内每吨上涨10～20元。山东潍坊加工企业玉米入库价在每吨2330元左右，在大型加工厂和饲料厂所在地山东省邹平县，玉米价格上涨约每吨40元，至每吨2300元，该价格约较上个月每吨上涨130元。造成这种现状原因就是因为外来玉米倾销对国内种植基地的重创。东北是全国玉米的主产区，但是由于无利可图，产量也开始逐年下降，这也是很可怕的。

销售价格也是一个比较严峻问题。就是猪肉价格话语权逐步被大集团所控制。他们不需要全盘控制猪肉市场。只要能造成猪肉价格波动就足够了。收购猪场的除了高盛以外，德意志银行同样正在大规模布局国内的养殖业。他们共同的特点是经营外包，只掌握价格涨跌最敏感部分。由于大集团垄断正成为我国生猪养殖的主流，就会加剧猪肉价格的变化。除了挤压中小养殖户利润空间外，当突发事件来临时，猪肉价格会变得格外敏感，借机会暴涨暴跌。一方面大集团获利甚丰，另一方面对养殖户来说养猪成了像买股票一样的高风险行业。养猪场饲料价格不稳定，加上猪肉价格不自主，投入与产出不成正比的情况下，大量倒闭，这样又加速了产业被集中垄断的情况。

那么在整个猪肉产业被逐步垄断，弱势养殖户利润逐渐被挤压的状态下，也不能忽视短期趁机炒作的游资。这些资金往往也是来无影去无踪，所在乎的也不仅仅是猪肉产业，看到玉米的供不应求也就会加大玉米囤积力度，从近年的市场运作看来。玉米上涨时间点往往也是突然暴涨，其中不乏投机商在此中运作。2010年至2011年的“玉米疯”就是典型例子。国家被迫扩大玉米进口，解决短期问题，但却打击了国内玉米产业，猪肉也是一样。由于猪肉储存期相对较长，也就会起到助涨助跌的作用。除了猪肉价格暴涨暴跌，也会增加病害和不合格猪肉的上市量。

2011年3月“瘦肉精”事件过后，猪肉价格被拉起来。原因自然是“瘦肉精”事件打乱了此轮猪周期的正常运行。由于3月猪肉消费减少，导致生猪存栏量于该月提前出现企稳回升。值得注意的是，3月之后生猪供应增加并未带来猪肉价格的明显回落，反而加速了猪价的上涨。当猪肉价格被猛拉起来，相关产业只要是有关猪肉类加工企业必然要跟风涨价，玉米惜售又造成相关产业新一轮价格竞赛，也造成民生产品再次价格上涨潮。新一轮通胀压力就这样产生了。

第五节　养殖户被拍在了饲料的“沙滩”上

生猪养殖经过了多年大浪淘沙，逐步由农户养殖发生转变。尤其是近几年，生猪养殖已经开始呈现规模化趋势。很多中小养殖户开始被淘汰出局。

传统中小养殖户面临现状比较严峻。虽然猪肉价格在攀升，但是这些养殖户却几乎无利可图。原因是多方面的。第一，养殖户营销方式还是单一传统等待上门收猪的形式，这种单向营销方式往往会受到环境制约，无法保证生猪出栏后正常流通，影响生猪养殖周期控制。第二，风险控制难，由于传统养殖户受到经济、卫生、技术等条件制约，生猪出栏率相对要低，这样大大提高了养殖成本并形成风险扩散。第三，易受到突发事件影响，容易因一个风波引起的价格波动而倒闭。如2011年3月“瘦肉精”事件，导致了市场需求量短暂缩减。大量中小养殖户倒闭。第四，就是收购价格起伏不定，由于收购价格跳跃性大，很多养殖户因为收购价格下滑而亏本。也就让养殖户在陷入到亏本恶性循环中的时还不起债。过去15年猪价出现过5次暴涨暴跌，“过山车”般行情让中小养殖户吃了大亏。第五，就是饲料价格上涨。猪肉不易被收购要继续喂饲料，饲料价格又不断上涨，成为养殖户亏本的最大原因之一。如此多因素，让抗风险能力本来就低的养殖户更加雪上加霜。

大型生猪养殖基地比中小养殖户有着较强生存优势，由于一般的大型养殖基地会和猪肉加工生产厂家以及批发商有较为紧密的合作关系，所以相对来说其销路问题不大。规模化养殖由于规范统一的养殖方式，技术也相对好很多，自然会对生猪出栏率有所提高，抗风险能力也相对较大。不过，如果饲料价格无法在有效范围内控制，建立不起长效终端销售对接系统，也是有一定风险的。从整体说起来，规模化养殖似乎是生猪养殖必然发展方向。那么规模化养殖，发展趋势健康吗？从这一方面来讲，其实也是具有行业隐忧的。因为目前国内真正独资又规范，对生猪上市价格有一定影响力企业还比较少，相对来说外资走这一步比国内要早很多年。

不过随着时间推移生猪养殖也越来越受到国内企业重视。2011 年的 6 月 23 日，中粮集团宣布携手日本三菱、伊藤忠等公司进入国内生猪养殖和加工领域，抢占市场。中粮集团持有合资公司 67% 股份。总投资 200 多亿元在天津、江苏和武汉建立三个年出栏生猪 300 万头的生猪养殖基地。三个基地已经陆续投产，年出栏 150 万头。这是迄今为止全国最大的生猪养殖投资合作项目。虽然中粮是国内大集团，又有国资背景，但相对来说在生猪养殖方面经验不如日本从事多年专业的同类公司，所以合资是比较合理的。不管是从养殖技术、成本控制、物流运输还是中间加工、终端销售系统，这些在国际上赫赫有名的日企肯定会相应提高生猪养殖质量和降低成本。

中粮依靠独特的资金和产业背景，站在了产业上端，饲料价格也可以控制在一个相对稳定的范围内，因此其竞争力相对不需要太过质疑。不过从中衍生出一个新的问题。那就是资本逐利向来是企业的本质，中粮也是一个寡头，加上又是和日企合作。如果将来市场出现波动，中粮是会偏向民生以较低价格大量出货冲抵市场，还是与几个外资巨头携起手来囤货抬高价格呢？从历史经验来看，只要产业寡头现象出现，就意味着垄断副作用开始出现。中粮的合资企业也可能成为垄断新势力。因此，产业多样化生存模式是很重要的。

就像前面所说的，中小养殖户生存环境已经很差，处于生死存亡边缘的他们，又怎么能够保证产业多样化呢？其实中小养殖户并不是无路可走，他们也是可以“转型”的，这方面可以和菜农的问题一并解决。一个村村民可以由一个小合作社带领，然后一个镇或者几个村再联合经营，形成以小据点联合变成较大联合体，并可不断继续联合成为在一定范围内最大养殖团体。每个人都是股东，并能够行使监督权利。这大联合体就相当于一个大养殖公司，这样不论是从饲料、技术养殖、病害防治、深加工、物流、销售终端都可以有一个统一调配。要想形成这种商业模式其中最关键是政府功能。

政府绝对不能插手管理，而是帮助建立这个大联合的网络平台。协调各方矛盾利益关系，并能够有效令这种集团发展得到有效的权力制约，让股东权利得到有效伸张。股东监督经营班底。经营班底由专业职业经理人担任，并能够施行有效问责制和股权激励。这样中小养殖户们既可以让自己利益最大化，也不会让自己成本受损。虽然这一步初建立时比较麻烦，但是一旦试点成功，此模式就可快速复制。不但让养殖户受益，更能让一些有条件加工企业也并入集团运作当中。

统一调配管理，避免了生猪质量参差不齐，也减少了病害威胁。更重要的是，大集团更加有能力对饲料价格成本进行掌控。实行到后面，甚至可以将饲料和生猪养殖、加工销售进行产业链挂钩。如此一来产业链联动效应就能够达到最大化。成本也会降到最低。到时即使国际玉米价格再涨也无法撼动这些养殖户了。在初期阶段，除了政府搭建功能，还需要一些扶持政策配合，例如对于玉米补贴，对生猪养殖户补贴等，这些不是长久之计，但是在系统尚未建立以前，是一定需要做的工作。否则系统尚未建立，养殖户已经死光了。当这些具有规模合作社性质的公司成型以后，就会在规模化同时，保障养殖户利益。

总之，养殖户危机一定要透过政策扶持以及转变生存方式来解决。绝不能被几个垄断集团所掌控，任由中小养殖户一个个死掉。他们可以消失，但会以一种全新生存方式淘汰旧形式的状态消失。从另一种角度来看，是活得更好。只有这样，才能令猪肉这种最普通民生食品不成为百姓负担，不成为养殖户的伤痛。

第六节　“吃得起”与利益攫取应是平行线

民生，毫无疑问就是人民基本生活需求。但是种种投机炒作现象，造成了市场货品暂时短缺现象，并借此“奇货可居”赚取暴利。这种行为一旦多元化发展，就会造成市场秩序混乱、商品暴涨暴跌现象加剧，并引发贫富分化现象。这种现象如果长期得不到遏制，那么很可能就会造成社会动荡不安、犯罪率上升、老百姓生活水平直线下降甚至经济倒退等恶果。

就目前状况来看，国家出台了很多方针政策来应对这些经济问题。但是，由于经济日益开放，各种新经济、金融形式不断出现，导致了国内经济更加复杂和多样化。如果还是从供需方面来解决这种投机炒作过热、经济实体过冷的现象显然很容易陷入被动局面。但在没有什么实际可行方案前，“头痛医头，脚痛医脚”的方式还在不断延续。

政策往往会根据市场波动现象来决定。这样更加简单直接，见效也似乎更快，但其实治标不治本。比如提高准备金率和加息。提高准备金率和加息从理论上都是希望收回市场流动性资金，这样就能让市场上过剩资金回笼，抑制物价过快增长，抑制通胀。但那是建立在市场价格没有脱离供需前提下的方案。这是一种单纯为抑制经济过热做出的一种调控手段。

而实际上，中国国内出现了两种截然不同的问题。就是投机炒作方面热钱急剧涌入，实业资金不断抽离。这种热者愈热，冷者愈冷的现象往往会加速经济恶化，并逐步波及民生领域。热钱进入投机领域就意味着有更多民生物资会被爆炒。民生领域则因为物价暴涨增加生活负担。一些日常消费购买欲望会降到最低，这样会加剧实业恶化。并且受到投机领域暴利诱惑，资金又会更多的涌向投机行业。实业本身是社会生产力的发展源泉，如此一来自然会进入恶性循环。可恰好这时为抑制通胀，政策货币紧缩政策就出来了。不管是提高准备金率还是加息，其最终结果往往和目的相背离。原因是提准和加息本身收回资金渠道是企业，由于我国特殊经济体制架构，民营企业的融资渠道显然不会有国有企业畅通。可往往这些企业又肩负着主要就业量。这样就加剧了企业负担，让实体经济更加恶化。相对实业，进入投机领域不需要太高门槛，获利又丰厚。自然会吸引更多的资金。想解决这种问题，重要的是把实体经济发展渠道打开，用更多优惠和鼓励措施和政府搭建平台逐步让投机资金回流到实体经济。民生物资的炒作自然也就慢慢平息。

其实就炒作资金来说，本身是具有逐利性质的，哪有钱赚去哪。现状是很多资金到处找机会，但实体经济又赚不到钱，很多闲散资金处于半游离状态，所以还是在于政策正确引导。如果有了好的引导，这种畸变经济现象自然就会逐步弱化甚至消失。从产业链条最上端来说，物价暴涨往往并没让种植户或者养殖户有多少利润可图，但是暴跌则会因此被连累得血本无归。批发零售小商贩对于市场价格波动也是毫无准备，往往会让产品无法快速出货，导致产品积压。辛辛苦苦一年四季的农户们最终却要承担因民生物资炒作的连锁反应所带来的恶果。

最终端消费者因刚性需求不得不买，购买成本上升。但产品下跌时因为整个产业链各个关节多重盘剥，消费者并没有享受到应有降价好处，生活自然日益拮据。近年这种事情不断发生。令百姓生活水准逐步下降的同时，也让他们对于投机炒作行为恨之入骨。恨之入骨原因自然是因为财富非公平转化。当所谓“富二代”炫富的时候，自然会引起公愤，仇富心理就是因为这种财富非公平转换造成的。

虽然对于投机炒作国家也出台了相关政策，并经常出现一些有针对性打击。但对于投机商来说，完成了原始积累的他们只是用来提高自己利润收益。而当这批资金进入市场做投机之用时，对于投机后果是绝对不会考虑的。因此如何引导资金回流实业，打击投机炒作，需要一个长效机制，而非一阵风式的查处方式。

除了这些，有一点是非常重要的。就是在前面不断提到农村合作社的问题。新型农村合作社实际上是在我们中国特有环境下市场经济的进步表现。与新中国成立初期不同。这是一种为了增强市场竞争力的自然结合。由于这种新型农村合作社还是一个比较年轻的团体，往往会伴随着很多问题。首先就是整个运行体系还没有有效建立，各个合作社之间信息不够畅通，造成对于种植和养殖类盲目性，很容易犯普通农民同样的错误，这样破坏性更大。风险和利益都寄托在某一个项目上。这样一方面合作社赢利能力遭受到质疑，让大家失去信心，另一方面经济上遭受巨大损失，得不偿失。因此农村合作社团体力量要发挥出来，并且建立信息交流平台，避免项目投入盲目性。很多合作社管理运营水平滞后，行政官员当家，缺乏了对市场敏锐度人才体系建立，所以行政官员与经济运营权利分开也非常重要。

在目前这种新型团体还没有建立企业运作系统前提下，一定要有专业人才储备。这样才能避免走弯路，也避免因为行政官员个人“政绩”心理影响市场化运作。政府和行政官员，更多应该起到一种“监督”和“扶持”作用，监督所有入社股东权益不被侵害，建立一个好的监督系统，搭建合作和信息共享平台，这些才是真正政府该发挥的职效。

总而言之，一个新经济运作方式能否成功，信息共享平台的建立和权利分割是非常重要的。建立有效系统，自然也就不会出现权力高度集中的垄断效应，股东权益能够保证同时还能够避免个体运作风险，并让利益有效运转不被流失。

稳定民生的物价，并且让最上端农户得利益，下端消费者减轻生活负担，工作是多方面的。不能因为哪个环节出问题了就“一刀切”整治。这样可能会对一些本该保护方面造成损害。能够真正疏通渠道，让投机资金回归本位，贫富分化现象逐步解决，物价保持平稳有序，才是真正经济复苏之道。

第八章　被房地产吸走的利润和畸变影响

有一所属于自己的房子，是每一个中国老百姓的夙愿。但是随着近年房地产价格不断攀升，这个基本需求却离老百姓越来越远。疯狂过后的地产业随着政策不断延伸价格逐步有了松动并有所下跌，但依然让百姓感到压力倍增，到底为什么产生房地产价格纠结？房地产畸变又产生了哪些新的社会和经济问题？本章将从各种不同的角度逐一解剖……

第一节　从房地产的发展史看负面影响

房地产的投机炒作，随着价格的不断飙升逐渐成为影响经济的大事情。但是从其发展的路线来看是有一定的规律可循的。尤其是 2001 年以后，原本不景气的房地产市场慢慢开始热起来，并聚拢了大批的所谓“热钱”开始有目的地进行投资行为，这种投资行为逐步开始出现一种向炒作方向发展的怪圈。

这其中有游资炒作，也有房地产商配合。作为当时的政府部门来讲，实际上是比较鼓励房地产市场活跃的。毕竟房地产是市场潜力大，又能够直接为地方财政作贡献的一个产业。房地产真正开始启动，其路线自然是从一线城市开始。

2003 年 5 月 31 日，在上海市实行了 5 年的买房退税政策戛然而止。这项优惠政策的停止基本上标志着房地产市场逐步开始由买方市场转变为卖方市场。原本按需购买的房子，开始变成了投资的手段。而类似“温州炒房团”的游资也在悄无声息地布局上海。2003 年上海市商品房平均价格达到每平方米 5118 元，首次超过北京成为全国房价最贵的省份城市。而在 2001 年的时候，上海的房价平均值还不到一半。可见房地产升温的速度之快。

2004 年第一季度，全国 35 个大中城市土地交易价格平均比 2003 年同期上涨 7.5%，涨幅比 2003 年四季度低 1.4 个百分点，虽然总体涨幅出现回落，但是一线城市房价却在暴涨，例如杭州同比涨幅超过了 50%。这个时候，已经有媒体和一些政府机构对房地产“过热”产生了担忧，但这时的他们没有意识到，这只不过才刚刚开始。

这时候房地产热的发展，很明显带有一定的重点突破的意思。就是集中在一线城市进行炒作。其中最大目标首选上海。因为上海从清末开始就是东方的金融活动中心，也是改革开放后最前沿城市之一。由于其独特的文化气息和地理位置，吸引了港台以及海外众多的企业和个人来到这里设置办事机构以及工作。这就给房地产市场带来了潜在的升值动力。

随着商业带动力加大，上海市内地产开发也在不断加速。这个时候，恰好农用地转建设用地的禁令解禁，于是上海市房地局推出了大量住宅用地，总计推出了 14 个区以及新江湾城共 44 幅国有土地使用权，总面积高达 277.7 万平方米，其中纯居住用途的地块面积高达 247 万平方米，占到将近九成份额。

可开发潜力的剧增，逐步被具投资眼光又有实力的游资看中，并大量进入上海市场。随之房地产商也不失时机的大量圈地盖房。慢慢市中心房源日益稀少，就有了奇货可居的资本。

这些虽然会让房地产市场逐步上升，却无法促使房地产价格在短期内价格暴涨。真正让地产价格不断暴涨的原因，还是地产商和游资的默契配合，让市场热度会聚于一点。怎么才能做到呢？就是先向高端楼盘下手。

首先房地产商对那些优质高级楼盘进行重点营销，而其销售价格也往往是周边普通住宅的一倍甚至数倍以上。而因为这些高端住宅的地理位置、居住环境等等因素造就了此档次楼盘相对量较少，因此特别受有投资欲的人群欢迎。当大量资金投资到这些高端楼盘之后，楼盘周边普通住宅价格也就因此水涨船高，更多人会因此地块升值潜力不断涌入。整个地段价格也就全上去了。这种以高端楼盘吸引目光再辐射周边的形式一直延续到2011年。并且不断在各个城市复制。但就当时而言，还只是北京和上海交相呼应轮番上涨。上海此等模式产生了乘数效果，并不断向外扩散。北京背景条件与上海相近，因此当上海涨幅超过北京的时候，北京也会感受到“热浪”并与上海不自觉展开了房产价格竞赛。

随着时间推移，北京、上海、杭州、深圳等城市价格不断快速上涨。而各地“地王”也频频出现，到了2009年以后，随着各大国资背景的企业也加入到房地产行业，房子价格更是蹿上了天。2010年国家开始针对房地产市场以及过剩的流动性出台了一系列政策，这个时候一线城市房地产价格已经到了国家无法容忍的地步，因此在这些城市地产投资利润开始缩水。除了政策方面的打压，最重要的是在一定阶段内，一线城市上涨空间已经不大，且越涨越会受到打压。据权威数据报道，2010年一线城市，杭州新房均价达每平方米25840元，创历史最高，北京为每平方米22310元，上海新房均价因政策调控至每平方米19168元。

到这个时候新房所在位置往往已经远离市中心，但房价依然如此之高。所以很多炒作资金把目标逐步转向了那些不是特别被注意的二线城市。2009年开始，资金开始向二线城市运动，2010年进入顶峰。到2010年12月，全国70个大中城市房屋销售价格同比上涨6.4%，二线城市房价涨幅迅猛，超越北京、上海等一线城市。兰州、岳阳、安庆、温州、宜昌、郑州、西安、乌鲁木齐等地房价同比涨幅均超过8%。从这一组数字可以看到，二线城市逐渐成为新投机对象。甚至逐步影响到三线及一些乡镇地产开发。2011年，国家开始了新一轮的房地产调控，一线城市开始出现下滑。一段时间内，由于政策对于一线二线城市的打压，一些三线城市地产价格急剧攀升。例如，湖南省永州市2011年一季度商品房均价较2010年一季度、四季度同比增长14.1%，环比增长9.9%。该市2011年一季度完成地产投资额为5.35亿元，同比增长5.1%，环比增长1.2%。同时，住房建设加快，商品房销量增长明显。

这些三线城市房地产价格上涨带动了相关周边市镇的房地产开发热。

并由此产生了很多负面影响。因为看到房地产价格上涨，很多相对不是很发达还没有形成城市发展特点的市县、镇，也开始进行征地。很多都是农用地被征用来或以商业用途建设，或直接建成住宅。造成了很多资源浪费。有些地方建设之后出现大量空置，甚至有的直接荒废掉。土地利用率低，无规划乱建随处可见。

官方数据显示，2000 年时全国耕地保有量为 19.2365 亿亩，但是到 2010 年底，我国耕地总数不足 18.26 亿亩，已接近 18 亿亩红线。十年间耕地面积就消失了 1 亿多亩。这还是建立在地方没有瞒报的基础下。可以说，这么快速大量农地消失，与房地产炒作投机有着莫大关系。

也就是说，房地产投机炒作，不但让老百姓承担了更多经济成本，甚至直接影响到粮食安全。粮食安全问题是维护国家稳定的重要因素，绝对不容许出现问题。而地产炒作之害竟然能影响如此之深，恐怕是谁都不愿意见到的。

房地产的炒作可以是无形的，但是又像千万条水脉聚集成的一股洪流，越聚越多，越无法控制。从开始的单一城市的高端楼房炒作，短短几年就可以影响到周边地块、整个城市，相关城市开始复制模式，紧接着影响到二线城市、三线城市并迅速蔓延到各广大农村周边进而让整个全国耕地面积受损，可见其可怕程度。

而房地产的过度开发的负面作用还远不只是这些。大量的建设需要大量的资源，并让周边的环境遭受达巨大破坏。大量的房地产开发因为 投机炒作的存在让价格虚高，却造成了大量的房屋空置。贫富分化日趋严重的同时还造成了资源浪费环境恶化，这种房地产开发的畸变，逐步变成了阻碍整个经济发展和环境保护的毒瘤。

第二节　房地产杀破了环境之美

大量的基础建设快速推进城市化进程，让房地产开发空间日益壮大，并有越来越多的企业参与到了房地产行业当中。行业利润攀升引发了大量土地开发，并延伸到了农村周边。城市和农村周边自然环境也因此受到了破坏。

先从城市说起。在各大城市，土地被开发的速度非常之快，各地区对地产行业投入非常多，相对的环境配套设施却很不到位，甚至很多旅游及风景名胜城市地区也没有幸免。例如海南城市建设和土地开发就折射出很多问题。由于海南旅游资源和政策相关扶持，让海南投资价值猛增，这样也就大大地刺激了土地开发率。原生态植被遭破坏严重，海岸基本丧失防风功能。为了更好吸引投资，长期以来，地方对生态海岸进行大规模公共设施建设以及公路建设。土地大量的被建设成城市设施，海岸原生态植被破坏极为严重。

按照道路面积测算，仅海口的滨海大道至少已经破坏了190万平方米的海岸原生态植被。曾经有专家指出，如不采取有效措施遏制三亚湾海岸侵蚀的速度，不出几年，花巨资修建的三亚湾滨海大道将难以保存。

实际上，海南省已有多处海岸的原生态植被遭受破坏后，基本丧失了防风功能。房地产生活污水也对海南省海岸生态环境造成较大的污染。由于海南省城市生活污水处理能力差，房地产普遍存在生活污水直排、间排大海现象，严重污染近海海域。在海南省房地产建设较热的海滩，都有不同程度污水直排海滩，加剧沙滩泥化现象。因此，一方面土地开发加速进行，另一方面环境保护措施以及城市的污水排放等相应的配套设施跟不上，这就导致了城市的环境恶化。好在近两年环境问题逐步得到政府重视，海南环境已经在改善，但很多损失已经无法挽回。

一些自然环境非常优美的非城市景区的破坏也非常严重，地产开发被人们叫做“旅游地产”。例如，莫愁湖等湖泊成了临湖富豪的“私家花园”，云南大理洱海的情人湖则被林立的别墅群所取代，南京中山陵地区除不断扩建的帝豪别墅外，220万平方米的高尔夫别墅及球场、78万平方米的马术场以及占地20万平方米的天泓山庄等高档地产项目不断诞生，还有杭州西湖富豪区等等风景名胜区正遭受着严重破坏。

在云南，地产投资商们不断增加对风景资源优质的部分高原湖泊周边的开发，很多旅游地产项目已经对湖泊生态造成了无可挽回的影响。2009

年的云南“九湖水质状况分析报告”中描述，抚仙湖和泸沽湖尚保持一类水质，程海、洱海为三类水质，滇池、星云湖、杞麓湖、异龙湖和阳宗海水质已经发展成为劣五类。

这些风景区周边只要是够地产开发条件的均已被占领。比如，滇池周边签约用地4500亩的滇池卫城、占地1300余亩的昆明滇池高尔夫别墅，阳宗海周边占地2400亩、投资30亿元的春城海岸，占地1万余亩、投资超过40亿元的云南华侨城，岭东紫郡 、西亚山庄、世林国际别墅、柏联温泉SPA等。抚仙湖周边占地1500余亩、投资12亿元的九龙晟景，投资15亿元、占地约450亩的悦椿产权度假酒店以及占地几百亩至千余亩的罗伽水岸、仟龙湾小镇等，还有洱海的“洱海天域”度假产权式酒店项目等等，这些在景区周边大批的开发建设造成大量环境污染问题。在景区周边的建筑对环境破坏所出现的经济以及社会成本，往往最终由国家来买单。

还有一些历史文化古城破坏也是非常严重，例如凤凰古城原本的古朴建筑逐步被钢筋水泥代替，被誉为中国资本主义萌芽时期“活化石”的湖南省怀化市洪江古商城，也遭到极大破坏，建设了很多旅馆酒店和楼盘。历史的珍贵遗产就这么一点点被侵蚀。

景区、文化名城的破坏毕竟还只是局部问题，但有一点是全国正在面临的问题，就是大量的地产开发造成的建筑垃圾问题。到2010年我国建筑垃圾数量已占到城市垃圾总量的30%～40%。以500吨/万平方米～600吨/万平方米的标准推算，到2020年，我国还将新增建筑面积约300亿平方米，而每万平方米拆除的旧建筑，将产生7000吨～12000吨建筑垃圾，中国每年拆毁的老建筑占建筑总量的40%。但是目前我国建筑垃圾的处理利用率只有5%，绝大部分建筑垃圾未经任何处理，便被施工单位运往郊外或乡村，露天堆放或填埋。有的甚至直接倾倒在山上，造成了山体植被的破坏。

建筑垃圾侵占了大量的土地，不但令经济成本上升，还对当地环境、水源、山体植被等造成不可弥补的损失。除了大量房地产过快发展之外，凸显了在建筑垃圾管理方面的缺失。一方面对于建筑垃圾处理和利用善后工作没有一个相应鼓励和运作机制，另一方面对于建筑垃圾倾倒场所、分类没有进行较细化规定和执行。企业违规行为也没有数据控制以及统筹管理，这样自然就滋生了大量乱倾倒现象。

房地产破坏环境，其实还有一个没被重视的问题，那就是农村周边土地开发管理以及规划。在很多农村地区周边，未批先建、少批多建、东批西建、占用耕地建房、城镇居民违规占用村集体土地建房现象时有发生。特别是农田被违规建宅基地同时，大量荒地被弃置。而开发商为了降低地价，就大量地征农田建楼，造成了荒者继续荒，肥沃农田变成了建筑工地的场景大量出现。

建设规划滞后带来的问题也很严重。有些地方因为地处农村，对于招商引资渴求强烈，因此只要愿意来该处投资办厂、建房，就给批地。这样一来就造成了规划无度问题，所以在很多地方造成了东建一块西建一块，周边土地大量遭到破坏，但因为建设分散，设施却跟不上。地方片面追求大规模，热衷于多上项目，所以规划本身毫无目的和进行可行性研究，拆了建，建了拆，又造成多次破坏和建筑垃圾产生。这种现象随着房地产热由城市逐渐向乡村发展越来越严重。

因此，房地产引发的环境问题成为困扰未来中国经济发展一个隐痛。环境破坏和污染问题有些已经无法挽回，有些需要付出更高经济成本才能逐步得到解决。所有这些问题，都是未来无法回避的。未来也势必会给中国经济发展带来更多的阻碍，这就需要一个长效监督机制和有效处理问题的方案。

毕竟，“亡羊补牢”只是弥补已经造成的损害和社会成本。真正有效的还是防患于未然，对尚未开发和没有被破坏的地方尽快出台细则有效监督，遏制盲目开发利用。只有这样环境破坏问题才能有效解决。

第三节　房屋为啥又薄又脆

建筑质量下滑，成为近些年来越来越突出的问题。在追求建设速度的同时，我们的建筑似乎对质量要求越来越低了。近年来有关房屋和工程质量问题的报道层出不穷。尤其是2009年房地产业享受政策春风之后。

据报道，2009年全国房地产市场回暖迅速，楼市价量齐涨，仅前11个月的商品房及住宅销售额就已经远超2007年和2008年的全年水平，销售面积超越2008年全年，并接近2007年峰值时全年水平。在如此强劲销售量下，各房地产公司都是加紧建设。但就是因为这样，使得在2009年以后房屋质量问题更加突出。而其中最为舆论关注的，就是上海“楼脆脆”、成都“楼歪歪”、北京的“壁炉门”等事件。

2009年6月27日凌晨，上海市“莲花河畔景苑”在建的13层住宅楼项目发生整体倒塌。无独有偶，仅仅不到一个月的一场大雨之后，成都市一小区6号楼和7号楼的一些住户忽然发现，他们两栋楼之间的距离比以往近了很多，两栋楼斜靠在一起，楼越向上贴的越近，靠最近的地方，相邻阳台窗户已经无法打开。楼竟然歪了，不过好在没有造成伤亡事件。这两起事件集中爆发，在全国掀起了对房屋质量的拷问潮。大家都对楼为什么会轻易歪斜和倾倒产生了很大疑惑，更重要的是，如何保证自己住的楼不会出现同类事件。

而在这两件事情处理过程中，也是出现了很多插曲。在舆论哗然的时候，专家们解惑反而让人更疑惑。比如“堆土论”，意思就是说因为在房屋一侧堆土所以就倾倒。更有意思的是，这些解释都在尽力帮助地产商撇清责任。似乎事件都是出自意外，并非质量原因。

后来事件还是逐步解决，责任人也得到处理。但是引申出的问题却不少，就是在房屋出现重大质量问题的时候，百姓如何维权，如何保证自身生命财产安全。从这一方面来说，相关监督机制还有很多问题。比如在法律上，2003年5月，最高人民法院公布的《关于审理商品房买卖合同纠纷案件适用法律若干问题的解释》，第十二条和第十三条明确规定，房屋主体结构质量经核验确属不合格，以及因房屋质量问题严重影响正常居住使用的，买受人请求解除合同和赔偿损失，应予支持。其中除了规定“当开发商交付的房屋因质量问题侵害了业主权益的时候，业主还可以要求开发商承担侵权责任，这样购房者可以获得开发商对修复期间内业主的房屋租金损失的赔偿”之外，并没有对重大质量问题出现房地产商的赔偿标准作出规定。而最重要的是事件发生后，必须能够确保调查部门第三方独立的权威性和专业性，这样才能保证调查结果是真实而且可靠的。

但毕竟除质量问责外，更重要的还是在建设过程中的监督。从整个房地产市场来看，房地产商们在楼盘建设过程中往往是层层分包的。而中国建筑业纯粹是做承包，一部分是专业承包商，一部分是开发商下面的包工商。开发商数量占到45%，利润和销售额占到90%。也就是说，地产商其实只是一个在卖和倒卖之间不断做投资商，获取利润却比真正建设包工商要大得多。

一般来说，房地产商拿到地之后会给一些建筑商，然后大建筑商再包给一些小建筑商，最后小建筑商再逐步给一些分散的包工头，最终由这些包工头带领一些农民工施工。如此当出现问题时往往就会出现互相推诿的事。这种承包式建设，造成了农民工工资拖欠问题一直无法得到彻底解决。最重要的是，利润高度集中在拿地和销售环节的地产商身上的现象，导致了整个建筑“制造环节”利润遭受到很大挤压并赚不到钱。

如此一来建筑中偷工减料也就不稀罕了。只有这样才能保证利润，在这些建筑商眼里，只要不是特别过分，“出事”概率往往也不会太高。所以就不断有人铤而走险，在材料上打主意。但是建筑一旦意外事件出现，往往抗风险能力就极低。类似“楼脆脆”、“楼歪歪”、“ 楼断断”、“楼坠坠”、“楼薄薄”等事件就不断地出现。

住建部的官员曾经公开说过，我国是世界上每年新建建筑量最大的国家，每年20亿平方米新建面积，相当于消耗了全世界40%水泥和钢材，而房屋寿命只能持续25－30年。也就是说，原本应该有70年以上寿命的房子，却只能用30年。很多用房贷买房子的人，也许刚刚还上贷款，房子就已经变成了危楼。赶进度、省成本成了房地产行业的硬伤。但是，这也仅仅是商品房一个方面，还有更大的隐忧，就是保障房的质量问题。

2011年上半年，由于保障房无法像普通商品房一样给各方以巨额利润，所以开工率极低。于是国家为了能够让保障房快速建起来，从而保证百姓住房需求，要求各地加紧施工。这本身是件好事情。但是原本在商品房就会有的问题，是不是在保障房就不会出现呢？实际过程中确实出现了保障房质量隐忧问题。很多问题被媒体曝光，比如2011年7月17日，郑州市一处拆迁安置小区8栋刚封顶楼房，被全部拆除重建。该工程共有8栋六层楼房，总建筑面积近2.5万平方米。这项工程3月动工，5月底全部封顶。但最终却因为是“豆腐渣”工程而不得不拆掉。不过还好是事前监督发现，否则居民入住再出问题后果可能就无法挽回。还有一些建筑出现了很多施工质量不高、建筑材料弄虚作假、安全隐患较多、质量保证资料不全、项目管理人员不到位的情况，而已建成的部分项目中也大规模出现了“渗漏裂”等状况，“瘦身钢筋”、“空心楼板”等劣质建材普遍出现在保障房建设中，而据某开发商透露保障房建设偷工减料几成行规。

保障房建设利润低微，且存在政府资金到位不及时的风险，再经层层转包之后，最终接手施工单位如果不偷工减料的话，便注定要亏损。相对于这些质量隐忧，监管体系却显得非常无力。因为在现行房地产质量保证体系中，开发商、建造商和监理商在某种程度上是利益共同体，后两者受雇于开发商，三者没有相互制约关系，属于自我监管。虽然在法律层面国家也有很多相关法律法规和各种强制性国家技术规范，但是在毫无制约的监理和竣工验收形式化之下，逐步失去了监督意义。目前我国缺乏专业质量缺陷责任鉴定机构等一系列问题，更是房地产质量监督软肋。

2011年5月后，住房和城乡建设部下发了《关于加强保障性安居工程质量管理的通知》，要求在保障性安居工程建设的全过程实施最严格质量监督管理，并将其纳入地方任务考核。这当然是在保障房“质量保障”方面的一个进步。只有能够让监督机制有效利用起来，对房地产建设过程中的互相制约关系达到平衡，才是未来住房建设的重中之重。

不管是保障房还是普通商品房，甚至一些高价别墅，都普遍存在一些质量问题，除了因为整个行业利润分配不合理、行业监督不足之外，房地产商特殊垄断地位还有炒作投机出现畸形卖方市场现象，都是不小的问题。这些现象长期存在，让地产商们忘记了房子也是一种商品，也需要建立品牌，也需要长期商业信誉的建立。灰色产业链条和侥幸心理的惯性思维，才是房子质量问题得不到解决的根源。

第四节　保障房施行之难

随着房地产价格不断增长，相对国内普通老百姓来说，想买一套商品房变成了一件非常奢侈的事情。但是国内房地产状态又是商品房的天下，似乎没有什么其他购房渠道。这个时候保障房就成为能够以较低价格购房实现住房梦的希望。但是这些年来虽然国家大力推进保障房建设计划，但是地方执行却进展缓慢。2010 年地方土地出让收入高达 2.9 万亿元，但其中仅有 463 亿元用于廉租住房保障支出，占比不足 1.6% 。

有数据显示，自 2006 年以来，上海、北京、杭州、武汉、深圳等城市保障性住房计划无一完成。截至 2011 年 5 月底，上海动迁房开工 50% 以上，经适房项目约完成 25% 的开工计划。截至 5 月下旬，江苏省 45 万套保障房任务总体开工率约为 30% 。重庆已开工 20.4 万套，占年度保障性住房建设总量的 41% ，属开工率较高城市。浙江省 18.5 万套保障房任务目前已开工建设 6.16 万套 ，完成年度目标任务的 33.2% 。另外，北京新开工建设、收购保障性住房 20 万套以及深圳开工建设 7.3 万套保障性住房的计划。也就是说，2011 年上半年保障房开工不足三成。下半年开始虽然开工率上升到了七成，但很多工程只是象征性地打打地基。为什么保障房开工得不到保障呢?

有舆论认为，保障房开工得不到保障主要原因是在地产商，因为保障房赢利比较低，所以地产商不愿意开工。不过某知名地产商曾经公开分析不存在这一说，他们也是有好处、有兴趣做，但并没有主导权。因为开发商只能建设和销售商品房，没有政府批准或委托是无法建设保障性住房的。

另外，从各地地产建设来看，公开市场委托开发商建设保障房比例很低，这样地产商能介入频率就不高。相对来说，建设保障房有相应优惠措施和优先贷款机会，这对地产商来说本身就充满诱惑，即使利润不高，但对于已经比较紧缩货币政策之下生存的地产商而言，也是求之不得的。从这些方面来说，地产商未必就不愿意建设保障房，而是有没有这样的机会而已。当然也不是绝对，因为各地有各地的情况。但是地产商不愿建保障房理由显然不够充分。

既然不是房地产商不愿意建设保障房，那么是什么原因导致建设进度如此之慢呢？其实主要还是因为房地产行业尤其是商品房本身给地方财政带来的补贴效应。数据显示，“十一五”时期全国土地出让成交总价款累计超过 7 万亿元，地方财政总收入中土地出让成交总价款占比从 2006 年的 38.9%，增长到 2010 年的 65.9%，这就表明地方政府对土地收入的依赖越来越大。

如此强大的财政支撑，让各地方增加了很多顾虑，那就是保障房增加毫无疑问就无法像过去一样给地方财政增加带来好处。更重要的是，如何让地方财政由房地产转型也是一个很大的顾虑。所以从地方角度来看，房地产建设更多偏重于对商品房的支持，再加上相对保障房补贴并不高，各地方运作积极性就显得不是那么高了。

由于保障房建设政策执行以及相关的行政激励还没有真正成熟，造成需要长时间才能够见效，而地方领导往往只在任几年，个人前途发展与保障房建设本身没有太多关联。很多时候行政命令和要求，到了一些地方往往就会失效。就官员角度来说，是创造 GDP 带来成效高还是建保障房成效高？结果显而易见。当然，近两年国家发现了这方面的问题，也在逐步改变。但如果从全局来看，如何让地方去放弃“土地财政”思维定式，认真建保障房还需要时间来规范。

由于保障房没有形成建设规模，且还存在很多监管欠缺问题，所以就导致了保障房发生了很多畸变，首先是国有企业自建房性质问题。很多国有企业职工福利房或自建房也被纳入保障房。比如媒体曾曝光的，某央企在寸土寸金的北京二环内建立家属区搞自建房，房子以保障房的价格卖给自己企业的职工。某电力公司搞集资房，每平方米房价仅 1000 元最终还是自己职工受益，一些地方为了完成保障房指标，将这些福利自建房也纳入了保障房体系中。保障房的原本作用立刻失去。

其次是所谓贵价保障房问题，就是原本被纳入保障房建设用地盖上了高尚住宅区，甚至直接盖别墅。所以就形成了保障房楼下停了一大片奔驰宝马车，要么就是富豪住的别墅变成了保障房。

还有地方一次收取30年廉租房租金，其解释理由竟然是地方资金紧张。可是，地方财政资金紧张与廉租房建设原本就不是一条线上的事情。这种非同部门、同系统的情况下，为了“补贴”地方财政，廉租房居住者突然提高了居住成本，也就让原本廉租房目的和意义彻底丧失了。从这些方面来看，很明显保障房建设和执行过程中出现了权利监督缺失问题。

除了这些，还有保障房配套跟不上的问题。从已建成的区域看，保障房发展分布有与普通商品房贫富分化趋势。例如，福建省福州市某区镇的一个保障房建设片区共有4个小区，总计有近百栋的住宅楼，是福建省已建成规模最大的社会保障性住房集中区。2009年，各小区先后交房，陆续入住的业主随后发现，交通出行、孩子教育、医疗保障等基本的城市公共服务在这里都成了“奢望”。如何有效地杜绝这种配套设施跟不上也是关键的问题。

因此，除了在监督管理方面加强之外，不应把保障房剥离到普通社区之外。让大家可以享受到同等的配套同时，又要保证保障房特性不被破坏。建设保障房不能单纯地依照指标，而是应该从整体规划，市政公共建设配套建设到哪，保障房建设到哪，不是先把房子建好，配套设施却跟不上。城市最大功能就是配套设施完善，而连这个基本要求都达不到，岂不是历史的倒退？

我们不妨看一看香港的保障房建设。香港廉租屋占比非常之高，到目前为止基本能够满足中低收入家庭需要。其余是高价商品房。申请廉租屋标准也是非常透明化和严格化。只要符合条件的一般排队三年内都能领到自己房屋，等到家庭发展条件好了，就申请退屋，去贷款买更好居住条件的商品房。

廉租屋发放机构因职权分割也就不会出现类似权钱交易的事情。这样就可以让更多低收入者享受到这项优惠，即使地价房价再高，也不会给大部分低收入民众造成额外的负担。我们城市其实和香港当年没做廉租房之前状态差不多，只需拿出诚意去做这件事情即可。

香港的成功事例告诉我们，保障房建设权力切割以及商品房与保障房之间界定切割是多么重要。一方面形成一套让保障房加速建设鼓励机制，另一方面切割保障房的发放权。让保障房从申请、审核、到批复最后拿到房子以及房子使用者根据环境逐步向好改善，把自己的房子退给政府流程都做好。

当然，世界上能够把保障房或者类似的房地产政策做好的国家不止一个。比如美国、德国、新加坡等等国家都根据自己国家经济发展特色把百姓居住问题解决得很好，并有效降低了全民因居住带来的负担，那么他们都是如何做到的呢？到底我国应学习哪一种解决方式呢？不妨先了解一下。

第五节 从房地产发展看外国的和尚会念经

房地产问题，影响到了我国经济发展甚至对百姓生活造成了巨大负担。但同样问题却没有发生在欧美等国身上。因此有人就提出以海外国家模式，来解决中国地产问题。但是到底有哪些可以借鉴，有哪些不能照搬呢？我国和海外国家成功模式差异在哪里呢？我们拿德国、美国及新加坡这三个国家的模式来作比较和分析。世界范围内来看，这三个国家是三种不同的模式，但却都能够把房地产行业畸变问题控制和解决，所以就有研究的必要。

先看一下美国地产发展模式。由于美国国土辽阔，而且可利用土地面积非常大，没有人口负担，所以不限制土地买卖。回顾美国历史可以看到，美国从建国后就开始鼓励本国国民购买土地进行经济开发。在大开发时期，美国公民只要交 10 美元再连续开发 5 年，就可以免费拥有 160 英亩土地，并永远归私人所有。这样的传统造就了美国对土地依赖情结相对不那么重。随着美国经济大发展，如何保证房地产合理发展不被炒作成为首要任务。任何商业行为都是具有利益取向的，如何将利益导向正途发展，是非常重要的一个课题。

美国的发展模式是以独立的专业分工以及强大金融系统运作来做到收益、利益大众化的。让产业链布局合理，各方面起到制衡的作用就很重要，这样不会因为一方独大而产生垄断。因此，美国地产是由地产金融产业、开发产业、中介产业以及流通产业链条共同组成。强大的细化分类，让各产业之间互通有无，但又不会相互勾结造成地产垄断。

美国建筑不同分类非常明确，别墅、商业用途、普通住宅、写字楼、独立社区都细化分配，这样就让每种产业布局依照一个合理运行轨道运作。为能够让国民减轻负担，并且降低在地产投入成本和风险，强大的金融体系就起到了关键作用。由于地产行业利益分割得非常明确，各环节间利益链条被切断，造成了美国地产类企业并没有超级大公司。但是相关金融类产品却层出不穷。其中主要是由房地产基金、投资商和银行组成。通过这种金融投资以及产品多样化对冲、打包等金融形式有效降低了行业风险和运作成本。因此，美国有数百万家房地产类信托基金。

但也就是由于金融产品发展过于繁盛，就出现了2007年次贷危机引发出来的全球金融危机。但是从此次危机也可以看出来，美国把房地产方面的风险，通过金融产品传导到了全球，相应也就降低了本国风险。因此虽然美国是2007年次贷危机始作俑者，但是透过金融政策再次运作又会快速恢复，也是很重要的原因。

更重要的是，美国70%以上地产投资主体是社会大众资金。由于高效管理和行业监督强化，让大众通过金融形式投资到地产。有的通过退休基金，有的通过不动产基金，这样形式转化就不会造成个体囤积居奇的炒房行为。因此虽然美国物业税和各种费用比较多，但是相对比较健康。背后原因正是美国金融系统发达加上合理产业链切割布局，造就了美国低房价的产业布局。

德国地产模式又有不同。德国地产市场非常之稳定，其根本原因是德国发展了一套欧式模式。首先，德国本身属于欧洲体系，欧洲本身有一定的排外性，并非如美国一样属于移民国家。对于准入非常严格，因此不大存在因为移民导致大量境外人士进入炒房问题。

其政策制定也非常严谨。由于德国在第二次世界大战后几乎让国内经济资源损耗殆尽，因此国内房地产建设几乎完全被破坏，房子短缺非常严重，所以德国鉴于国内特殊形势，推出了低价房屋建设计划，并建设了相当规模福利房。虽然主要还是由国家控制，但是私人可以出资建设。不管是谁都可以透过这种与国家合作的形式建房。但是个人不占主导权，只占总投资20%左右，其余由政府做担保。

建成房屋之后，主要不是用来出售，而是出租。这样大量可出租房屋不断诞生，弱化了房子本身炒卖价值的功能。由于租金低廉，加上政府导向让低收入者租住福利房同时，可根据自身的收入情况享受到政府租房补贴。这就让低收入者负担大大减轻，并吸引很多尚未构建事业的年轻人青睐。

在金融方面德国也有独到之处。德国住房金融机构功能发挥占有很重要的位置。通过互助储金信贷和契约储蓄系统等方式，购房者存定期到一定金额时，就可获得住房贷款，收入较低者还免个人所得税，降低了购房贷款门槛。同时给予大众以大量购房补贴，近九成德国人能够享受到这项政策。

德国还允许私人建房，但必须遵循政府规定尺寸高度和面积地点限制，因此虽然是私人所建，但风格和高度不会有太大的差别，也不会产生建筑不合理规划问题，为了鼓励私人建房子，还会给予更多的奖励和免税等优惠政策。

德国大量优惠政策及弱化地产行业逐利功能的方式，其根本是靠强大的国家政策调控以及大量政府资源完成的。因此虽然相对造成了一定财政负担，但强化了德国实体经济经营和发展，可以一门心思做制造业。这种驱逐地产红利补贴实体经济的方式，让德国不需要担心地产成本对实体经营伤害，是非常成功的一种方式。但是这种模式要求政府高效执行，过程中权力切割需十分到位，注重契约精神的本质，也是能够顺利完成此项政策的关键之一。

最后来说一说新加坡模式。新加坡的国土面积较小人口相对不多，更接近于城市住房计划。因此从发展模式来说，新加坡模式和香港模式有相似之处，不同的是新加坡执行力更高效，时间相对较早，基础也相对更好一些。

新加坡主要模式，是透过大力发展公共住宅以及公积金补贴来解决房子问题的。从20世纪60年代起，新加坡就开始大量建设公共住房。并逐步从廉租房的出租向出售过渡。在不断普及出售公屋的同时，还能够配合公积金计划有效向低收入者贷款。通过在雇佣过程中公积金制度，让低收入者可以通过公积金交首期解决住房的问题，如首期不足，可以继续每月交公积金来支付余额，再根据收入状况和购买套型大小给予补贴。小套型补贴较多，房子越大补贴越少。套四之后，甚至需要缴纳成本5%以上利润。这种严格等级分化的地产政策，保证了高收入、低收入者都享受住房同等权利。由于合理分配和大量的建设公屋，让赢利与非赢利性住房性质完全切割。所以看起来这些地方房价很贵，但并不影响百姓安居问题。

通过这三种发展模式可以了解到，虽然发展路径不尽相同，但核心都是比较相近的，就是不遗余力弱化房地产本身的炒作价值以及途径。避免囤房炒作让房地产市场炒卖绑架经济。其实这也是我国目前面临的严峻问题。很多学者提出了要学美国模式、德国模式或者学新加坡模式和香港模式。其实并不能完全复制，因为每个地方有各自不同地理和人文条件。我们目前面临问题复杂得多，已经被房地产影响到了经济发展。避免房地产过度炒作权利切割还没有实质性进展。弱化地产市场功能以及切割地产利益取向是必须解决的问题。因此虽然目前在建设保障房方面出现很多问题，但不管怎么说方向是对的。

不过中国房地产发展，在未来必须做到的一点是，如何解决低收入者买房难的问题。因为虽然建设保障房是大势所趋，但让低收入者如何贷到款，形成完整运作链条是必须解决的问题。另外，怎么解决农村人口大量涌入城市出现的住房问题，因为从实际情况来看，盲目设门槛不让进入城市不是治本之策。“重庆模式”发展作为实验就是解决农民大量进城以及保障市民居者有其屋的一种尝试之一。不能保证会成功，但至少是一种较新的尝试。

不管怎么说，能有效弱化房地产本身炒作价值，公平地让每个老百姓拥有住房的权利，实体经济不会因房价提高运作成本，是真正实行房地产政策的核心。中国地产发展之路，应该更接近建立商业地产及保障房利益分割体系，由政府解决住房贷款，减轻低收入者负担的发展模式，但是仍然需要斩断利益链条的传导效应。

第六节　土地财政吸走的利益与前途

从总的经济发展趋势来看，房地产炒作本身就带来一系列负面的影响，间接打击了实体经济发展。个体经济尤其是在城市中依靠一些门头房做买卖商户影响尤甚。地产价格不断上涨，必然会带来房租价格不断蹿升。一方面社会大众消费能力在萎缩，另一方面房租价格却不断升高，这就让个体经商户承受能力大大下降。再加上各项民生成本上升，就导致了很多经营业铺处于勉力维持或者倒闭的无奈状况。

高房价带来经济成本很高，由于高房价就迫使城市的中低收入者不得不节衣缩食，由此消费能力也大大削弱。资金向房地产靠拢，加剧了货币政策紧缩步伐，再次打击实体经济。也就造成地方被土地绑架事实出现。据媒体报道，截至2010年年底，全国省、市、县三级地方政府性债务余额共计107174.91亿元，这一债务总额占2010年GDP的1/4，超过当年全国财政收入。如此强大的政府债务，必然会对未来的经济发展造成影响。

从近些年的经济数据看来，土地财政已经占到国内发展的主要位置。这里说的土地财政，其实并非狭义的房地产，而是从能够帮助土地价值快速炒高所有因素，除商品房外，还包括一些交通配套设施、公路、地铁、桥梁、机场等等建设。而房地产业兴衰又影响到当地财政收入。如此一来就形成了一条让房地产价格越飙越高的利益链条。

一旦这些利益连接起来就会出现问题。那就是，基础建设会让房地产升值，自然土地出让金会增加，地方财政收入会增加，刺激地方更积极推进基础建设，这些基础建设自然要耗费更多资金，需要资金就要贷款，贷来款继续增加建设，因为建设的辐射力，地产价格继续被炒高……如此循环，最终地方负债也就会越来越高。

为什么各地方宁可高负债还是要继续建设呢？首先，主要还是因为地产兴盛带来了地方的经济收益，但同时因为房价过高挤压了实体经济发展，实体经济收益自然要萎缩。所以一旦转动起来就很难停止。其次，由于近几年过于注重 GDP，从绩效考核到地方工作能力，都是以 GDP 为主。就造成了大家都愿意大力发展基础建设以及房地产建设。这是提高 GDP 的最快途径，所以也就不遗余力。另外大量城市建设带来很多三五年内的短期好处，就是提供大量就业岗位，失业率下降自然也就有利于社会安定，也能够最快看到经济效果。但由此带来的长期负面效果就会逐步显现。

各地方负债到底有多大偿还能力，是舆论广泛关注的问题。国外评级机构对地方债表达出了担忧，并发出了警告，穆迪评级机构观点称，中国地方债务被低估了，实际债务规模可能比现在公布的还要高出 3.5 万亿人民币。如果政府不能妥善处理这一问题，将可能把对中国银行系统评级调至负面。

当然这些只是比较坏的考虑和预期，并不代表一定会发生。但是已经出现的问题是值得警惕的。外媒又过于乐观，比如华尔街日报总结了五大不需担心的理由，这五个理由是：1. 地方政府投资公司的债务不是新的。2. 中央政府一直在关注地方政府投资公司。3. 银行提供给地方政府投资公司的贷款多数是商业性的。4. 对楼市过热的担忧被夸大了。5. 北京正大力缩减地方政府投资公司的借款规模。并说，西方国家通常将地方债的债务率上限设定在 100%。事实上，许多欧洲国家的政府债务至少相当于 GDP 的 100%，“相比而言，谁的债务更让人担忧？”

但其实如果仔细分析，就会发现这里面的问题，首先债务是不是新的本身就是伪命题，因为任何债务出了问题是逐步累积的结果，并非什么新债旧债的问题。其次商业性贷款，本身地方债务之所以这么高还能借到钱，就有政府信用在里面，所谓商业贷款其实更多的是一种概念性思维而已。而其他论点都是一些主观推测，没有实际数据支持。另外一点很值得思考，就是拿欧洲与我们相比较，这本身就是偷换概念。因为欧陆体系的债务主要用于社会保障系统以及提高工资待遇上，其 GDP 主要依靠也不是房地产。再加上它们国家人口少和国土不大，又在一个大欧洲体系之下，相对来说出现危机也比较好救。

我国属于多种经济形式并存，人口众多。但主要却依赖地产增加地方财政收入，社会保障系统不完善，又不会有任何国家在我们出现危机的时候进行有效帮助，危机自然比较大。所以盲目乐观也站不住脚。

越积越多的地方债对银行也造成了巨大拖累和负担，数据显示，在10.7万亿元地方政府负债中，短期和中期债务占了一半，2011年至2013年到期偿还的债务分别占总额的24.49%、17.17%和11.37%，合计约占53%，对于地方偿债能力是个极大考验。因此，各银行必须对各地方债可能产生坏账率以及延迟还款率控制住。但这必须建立在各地方不再继续扩大债务前提下，否则也会造成危机。

还有城投债的问题，就目前数据显示，地方城投债已经逐步开始露出危机的端倪。城投债看起来更像是企业债，但其背后还是以各地方政府信用建立的融资平台。2011年7月，某些地方的城投债开始遭受恐慌性抛售，并不断有债券评级面临调降。而互相担保形成担保链的现象在城投债中比比皆是 。例如，云南省的云投集团重组，通过其循环担保链，牵扯进来08云投债、10云投债、10云电投CP1、11云电投CP01、08云煤化债、11云南铁投债、08昆建债这7只债券，涉及企业债和短融两个债券品种、国家发改委和央行下面的交易商协会这两个审批和注册机关，中银国际、东方证券、国泰 君安、中国银行4家主承销商。如此大的担保链条，一旦出现问题就会产生连锁反应，到时后果也是非常可怕的。

大量发行政府债券也有很多问题。政府债券一旦大量发行就相当于拿政府信用做赌注去还债。而发行时如果得不到有效的监督，也可能会产生新一轮的债务危机。另外由于地方大量的债务累积，已给民生造成相当负担。在老百姓收入没有提高的情况下，只是还清了前债累积了后债。类似于公司化重组把债务分割等等办法其实道理都是一样。最终还是要把债务负担平摊给整个社会。而2011年年底出现某些地方收取“房屋维护费”其实很明显也是为了摆脱债务问题，结果也是百姓平摊成本。

地方债、房地产的炒作看起来更像是一对冤家，看似能够靠地产解决财政，但实际上似乎又是地产害了财政。问题已经铸成，就不能指望问题一下子得到解决，下手方向也是多面的。所以如果想要真正有效地解决地方债问题，应该对地方资金用途监督、项目可运行考核等有效管理起来，避免资金无度使用。然后对地方政绩考核从GDP数据中剥离出来，改用民生负担减轻来考核。最后逐步把地方财政从对土地依赖中解脱出来，鼓励实体经济尤其是民营企业创业与发展，并建立政府平台。虽然这些是需要长时间才能完成的。但这才是标本兼治的方法。当然这也是政府从2011年就开始努力的方向了。

如果单纯为剥离地方债务而努力，或者认为剥离了地方债务就能让地方摆脱对土地财政依赖，最后结果一定是越陷越深。结论虽然好下，但要贯彻执行以及逐步改善则需要花大力气。因为利益链条一旦形成，想要改变并斩断并非易事。

第九章　急功近利与诚信溃烂

经济的发展过程存在着各种问题，但是其中最为普遍的问题就是急功近利。这种现象不仅存在于一些个体经营业和小企业，还时常出现在一些规模较大的企业当中。其主要表现形式是对于利润的极力追求放弃了企业长远规划与品牌意识，因此近年来食品安全问题、产品质量问题也就层出不穷。当产品出了问题之后，其应对方式也能看出企业是否能正视自己的问题。最终，企业往往会因为自己的短视与急功近利导致生存危机……

第一节　“瘦肉精”事件及“危机公关”思考

双汇集团是以肉类加工为主的大型食品集团，总部位于河南省漯河市。总资产 60 多亿元，员工 5 万余人，年屠宰生猪达 1500 万头，年产肉制品 100 多万吨，是中国最大的肉类加工基地。可就是这个举国皆知的著名品牌，2011 年 3 月成了它最难忘的一个月。双汇卷入了一场“瘦肉精”危机中。

“瘦肉精”，其实是很多种药的统称，是添加于饲料可增加动物瘦肉量的药物。能使肉品提早上市并降低成本，但因对人体有副作用而极富争议，各国和地区开放标准不一。我国原则是不准添加任何含“瘦肉精”成分药物的。但仍然很难避免“瘦肉精”的使用。数年前曾经发生过“瘦肉精”调查风暴，并查处了很多猪肉养殖和批发点，但是还没有大型品牌企业出现过这一类的事件。

就是这次的“瘦肉精”事件，几乎让双汇一败涂地。而事件爆发点，是2011年央视“3·15”特别行动——《“健美猪”真相》。曝光了用“瘦肉精”喂出来的“健美猪”，钻过当地养殖环节的监管漏洞，堂而皇之地流入了河南双汇旗下济源双汇食品有限公司。于是，这个星星之火瞬间开始燎原，并不单单是济源公司，破坏力瞬间影响到整个集团。

像双汇这样的肉制品类品牌形象是多年积累下的。一旦因产品质量问题出了事，后果往往比较严重，甚至产生多米诺骨牌效应。而18道检验程序形同虚设，最终酿成品牌信任危机，让民众对该品牌充满了失望，甚至对整个肉制品生产环节都开始怀疑。

在这种风头浪尖的时候，往往也是表现企业危机公关能力的时候。如果在此时，双汇能积极面对媒体大众，然后使用举措得当的手段去操作，就不至于落到后来“人人喊打”的境地，也不会面临长期的销售萧条。但从这起“瘦肉精”事件当中，我们却看到了一个危机公关的反面教材。

当舆论曝光、社会哗然的时候。双汇反应却并不迅速，虽然其在官方网站上声明致歉，并责令济源分厂停产整顿，但并未有大范围补救行动跟上。最失败的，是在时隔半个月之后3月31日举行的万人职工大会，其核心本意是企业对社会的道歉会，应表现出对责任的一种承担态度。但却出现了很令人费解的一幕：总经理在大会上发言说损失多少多少亿，经销商又在大会上高呼“双汇万岁、万总万岁”。把一场道歉承担责任的大会，变成了一场自我激励动员大会。这就给了社会大众一种错觉，那就是被抓住使用“瘦肉精”仿佛是媒体不对，产品卖不出去是大众故意刁难一样。这就造成社会舆论的反感。中国传统文化一直对于肯认错、肯承担的人是较易原谅。但是如果稍显诚意不够，换来的必然是大众对产品反感和市场的无情打击。对双汇产品的信任和谅解必然就跌到低谷。

更糟糕的是，双汇在事后又陷入了“信披门”，被迫承认未提及无条件退货的承诺。有网民发文质疑，说双汇面对“瘦肉精”事件不思改正，没有诚意。这件事情，又让本来已经丧失品牌信誉的双汇再次透支了最后一点商业信誉。双汇是上市公司，要面对广大股东。在A股市场上漏披信息或披露假信息其实并不罕见。但在这种紧要时刻还被抓住口实，实在是危机公关的失败。

另外，双汇三件事做得有问题。第一，销毁肉制品的时间点选择过晚，达不到预期效果。看过电视剧《大宅门》的朋友应该还有印象，一句“修合无人见，存心有天知”讲出了为商之道的精髓。销毁表示的是公司对产品质量以及未来再不出此类事的决心，是自觉自愿为维护品牌形象而做的，不是因为社会舆论压力而做的。选择销毁时间点早晚效果自然大不相同。因为每晚一天，社会压力自然也就多一天。由此看出是否有诚意。时间拖到 4 月才进行，效果就大打折扣。从社会反响来看确实没起到应有的作用。第二，就是“瘦肉精”事件之后虽然停产了济源双汇，但是社会大众认同就是双汇品牌本身有问题。就像前些年的“冠生园月饼”事件，一家冠生园出了问题，整个冠生园品牌都受到重创。所以，这时候应首先表明态度整顿集团工作流程。哪怕是做个姿态，最起码让大家对新出产品放心并重拾品牌信心。但在双汇集团披露信息当中把责任全部归到了“倒霉”的济源双汇身上。这在大众眼中很明显有推脱责任之嫌。大众无法信服，危机公关就是失败的。第三，就是事件曝光后，针对消费者的赔偿措施没有运作起来。更让大众对该品牌印象恶化。企业当然要考虑成本问题，但这种时候，最起码应把赔偿范围缩小到济源产品辐射范畴的重点区域。赔偿方面可以大肆隆重举行，甚至总经理亲自鞠躬赔偿，通过诚意来挽回企业形象，其实是一个低成本高效益的企业再宣传并树立威信机会。可惜的是，这一机会又白白错过。

最后来做一下总结，双汇危机公关的失败之处在于对事件反应过慢，道歉及销毁产品时间点把握不好，道歉大会表达诚意不足。对于社会舆论对双汇产品信任危机估计不足。事件出来后，信息披露欠缺诚信，挽回企业信誉的工作不到位。最后小看了品牌形象的重要性，也小看了社会公众容忍度。双汇老总在事件出来后曾经说过：双汇绝对不会像三鹿一样倒下。可是在连续犯了这么多错误之后，品牌形象一落千丈的双汇如果再不能积极挽回企业形象，向大家展示其质量把关方面的推进工作。三鹿的前车之鉴就难说不会降临在其身上。

不过好在在后面阶段，就是 5 月以后，事件开始慢慢平息下来，加上另一场有关“塑化剂”事件的危机转移了公众视线，双汇逐步得以恢复，并痛定思痛开始高层大换血。究竟能否换回消费者的信任还需要时间来考验。但是相比较而言，双汇事件毕竟没有三鹿影响那么恶劣，最起码他们还有机会改过，有机会去重新振作。但是如果回过头来反思一下，如果不是单纯追求瘦肉率，不是为了节省成本放弃了相关检验，那么数百亿的损失及品牌形象危机就不会出现。

说到底，任何形式的危机公关最终都要表明一点，就是企业始终是值得信赖的，错了要有诚心去改正。不管在任何时候，都要表达对消费者的诚意和歉意，一味推卸责任是无法改变消费者质疑的。因此，不管是质量还是态度方面，都应该第一时间作出反应，并及时把诚意传达到消费者那里。而最好的危机公关不是出了事情去解决，而是将事情在萌芽状态尚没有形成危机的时候就能发现并解决，这才是企业解决危机的精髓所在。一个品牌想要建立起信誉需要日积月累，但是一个不小心因为急功近利的心态影响了决策，就会将多年的努力化为乌有。这对企业来说是最大的损失。

第二节　再也淡定不了的“塑化剂”事件

“瘦肉精”事件的影响刚刚过去，消费者情绪也开始平复的时刻，一个由台湾企业点燃的新一轮食品安全和品牌危机又出现了，这就是“塑化剂”事件。该事件虽然始发台湾，但涉及范围之广、影响之大及隐患存在时间之长都是前所未见的。不仅在台湾本土，甚至远至香港、内地以及新加坡等多个国家和地区出现了此类问题，产生的破坏和影响力直接扩散到全国，并产生了新一轮“食品安全，人人自危”的境况。

其实“塑化剂”是台湾的叫法，在大陆一直叫增塑剂。其实它是工业中用在塑料制品中的一种添加剂，可以使其柔韧性增强，容易加工。在台湾，把它列为第四类毒性化学物质，会干扰人体荷尔蒙，对人体生殖系统造成伤害，毒性要比三聚氰胺厉害20倍。当年三聚氰胺事件中国乳企永远也忘不了，差一点造成整个产业瓦解，但其危害性和塑化剂相比竟然不值一提。也就是因为这样，当此事件掀起波澜后，所涉及的范围就不仅仅是一个产业了，只要是与塑料包装或食物有关的行业都被危机侵扰。

“塑化剂”事件的起因非常意外，是台湾的一位杨女士关心孩子健康意外发现的，她本身是位检验员，所以做检验比较方便，她本来是对益生菌食品做检验，探究是否含减肥西药或安非他命，却发现气相层析仪上出现异常波状讯号，结果最终发现是塑化剂 DEHP。进一步化验确定并非包装融入问题。此问题非常严重，于是台湾卫生部门通知检方，循线查到源头，原来是昱伸香料有限公司生产的食品添加物“起云剂”，违法掺入塑化剂 DEHP。

“起云剂”是合法食品添加剂，可以让饮料避免油水分层，还能让食品口感更好。其成分是由棕榈油、乳化剂等多种物质添加混合制成，因此其本身是不具有毒性的。不过棕榈油成本本身就比“塑化剂”贵五倍左右，而塑化剂掺入也能达到相同的视觉、味觉效果。在这种巨大利益诱惑下企业放弃了应该有的责任心。台湾昱伸香料有限公司就是铤而走险用高毒性的“塑化剂”取代了棕榈油生产塑化剂的一个典型。该公司想不到的是，他们如此投机取巧行为不但导致了其企业身败名裂，还因此影响了所有相关行业并产生连锁反应。涉及地区几乎遍布整个亚洲，成为台湾 30 多年来最大的一起食品安全危机事件。

2011 年 5 月 23 日昱伸公司事件被发现之后，土城宾汉公司生产的同类产品也被发现含塑化剂。由于“起云剂”是饮料和食品的一种添加剂，这两家厂商生产产品又是供货多家品牌的大厂商。所以事件很快就由单一企业的产品问题扩散到诸多行业，涉及很多海内外著名品牌企业。先是一些饮料类品牌，如悦氏运动饮料，统一企业股份有限公司所生产的包括芦笋汁、甘蔗汁、金橘柠檬汁等多种饮料，以及多家果汁生产企业。到后来逐步扩散，除了运动饮料外还有果汁、果酱、浓缩果糖、水果粉、益生菌产品等数十种产品。甚至在一些食品、方便面、保健药品中也发现了“塑化剂”的身影。截至 2011 年 5 月 27 日，受事件牵连厂商近 200 家，使用过遭污染原料的制造厂商多达 95 家。

事件影响逐步扩大，很多产品已经销往了不同国家和地区。因此大陆极为重视，经查上海口岸2011年3月曾进口792箱“悦氏运动饮料”，可能含这种“起云剂”。进口商已采取了召回措施，到5月27日，已从市场上召回并封存5019瓶，库存518箱。另外大陆也展开了监察塑化剂的行动。至6月底，福建全省各地、各有关部门深入开展打击非法添加和滥用食品添加剂专项整治活动，共检查食品、食品添加剂生产经营企业、餐饮服务单位9.8万家，查处违法行为112起，责令39家生产企业停产整顿，暂扣生产许可证12张，8起案件移送公安部门进一步查处。

2011年7月，大陆暂停进口台湾受塑化剂污染相关问题企业增至318家，相关产品增至860种。台湾方面也加强了对塑化剂的监管，台湾“环保署环境卫生及毒物管理处”2011年7月20日公告26种列管的毒化物。包含DEHP、DNOP、BBP、DINP、DIDP、DEP、DMP、DBP共8种塑化剂提升列管层级，从第四类改列为第一或第二类，剩下的甲醯胺和安杀番等18种化学物质也列为毒性化学物质。

尽管台湾相关监管部门加强了监管，但是这种“亡羊补牢”的监管方式还是无法阻止影响的扩散。事后调查，台湾昱伸公司被查出将塑化剂DEHP当做配方生产“起云剂”长达30年，原料供应遍及全台。可见其影响和潜伏期已经极为深远。由于塑化剂所涉及的行业和种类太多，几乎遍布了民众所能够接触到的饮料以及食物，造成了全台湾对于“塑化剂”的恐惧并人人自危。

据台湾国泰金控调查显示，在“塑化剂”风波过后，民众对餐饮业消费支出减少幅度超过五成，仅有8%，19%的民众减少5%－15%支出。台湾当局食品安全政策及商家的可信度是影响民众在餐饮业消费的最重要因素，超过四成受访民众反映，台湾当局须强化食品安全政策的可信度；有25%民众认为，店家必须提供有力证明，才愿意恢复到原有的餐饮消费支出水准，有12%民众反映未来一年都会减少在餐饮业消费支出。“塑化剂”事件使台湾多年来一直兴旺的夜市经济也受到影响，而各地方部门也采取了相应措施挽回信心。台北“市长”为提振民众对夜市的信心，亲自到台北夜市区试吃，并表示会严格监察，检验合格的商家会发放合格标志并可放心就餐。即使是这样，民众恢复信心也尚需时间。

从这件事情起因，到后来发展到行业危机，甚至出现了对整个食品安全的人人自危，我们必须要了解的是，真正因为外包装产生塑化剂污染机会很小，更多是人为因素。也就是说，整个事件，仅仅是因为黑心厂商为节约成本，明知危害前提下仍然坚持使用塑化剂。而事件“火头”昱伸公司，作为一家从事该行业生产多年的老厂商，并且提供给多家知名企业产品，竟然已经用塑化剂做了30年，而这30年竟然没人发现，也没有同行业下游企业做监督。最终却被关心孩子健康的妈妈发现。

在这位妈妈成为大家感激的英雄的同时，除了对相关监督部门质疑之外，就是拷问到底企业在用什么做品牌。昱伸等公司毫无疑问作为很多饮料及食品企业产品提供商已经逐步做起了自己的业内品牌。但是这个给多家企业提供产品的厂商竟然可以连基本法律底线都不遵守，为了眼前利润就牺牲自己商业必须遵循的道德底线，其急功近利的心态可见一斑。对于那些使用该企业“起云剂”的企业们来说，虽然好像它们是被连累的，似乎很无辜，但本身自己企业所用原料和添加剂只要经过一般检验程序就能够发现问题，然而用了多年却一直没有发现，直到问题出来。这和“瘦肉精”事件中18道检验形同虚设有着异曲同工之相似。

急功近利的奸商碰到了没有认真检验同样浮躁的企业，就形成一条大的产业链条隐患。而此事件中不仅台湾本土，直至大陆在各项稽查中也查出了很多问题，很多企业因此被查处。说明其使用塑化剂做添加剂并不是台湾“专利”。好在对于台湾产品及时查处，内地企业及时整顿，才没有造成大陆相关企业的品牌危机。但对于整个产业发展方向以及发展模式提出了警示。为什么即使一些大型知名企业，也这么急功近利？为了所谓节约成本，牺牲大众健康，置自己的品牌与危机隐患中而不顾，其根本原因就是对于眼前利益高于一切的企业短视发展思路。近些年，关于食品安全问题我们看到的太多，但品牌化企业出现食品安全危机的规模化趋势，不仅严重影响大众身体健康，更对产业发展造成巨大损害。

第三节　食品信任危机账单该谁付

近年来食品安全问题已经成为一个非常值得注意的问题。尤其2010年至2011年间，食品安全大小问题层出不穷。为什么现在会出现那么多的食品安全问题呢？其连锁反应让企业都或多或少遭受到一定的打击。它的发展形态是怎样的呢？我们从不同的角度来看这件事情。

20世纪90年代开始，我国就开始出现各类食品安全问题，但那时还没有“普及化”，其行为也仅止于小商小贩。2000年后制作食品加化学、工业用品等国家明令禁止的添加剂事件也开始出现。2010年以后，经曝光的事件花样翻新，除了众所周知的“地沟油”、毒豆芽、“绝育”黄瓜、“爆炸”西瓜、染色馒头、牛肉膏、硫磺姜等事件也层出不穷。

从发生时间的趋势变化中可以看到，食品安全问题已经从单一、个体性问题逐步开始演化。一开始只是个别现象，出现在一些局部的地区及个别小贩身上，添加工业原料品种也比较单一。但是近两年食品安全问题正在扩散，不但在全国各地频繁出现，而且居然产生了相关产业链运作。比如“地沟油”事件，“地沟油”生产销售已经出现了规模化。也就是说，从“产品原料”采购，到加工制作、货品储藏、运输、批发、零售都有了全方位的“管理模式”。可以说，这种对大众身体造成极大伤害的“产品”，其产业规划和制造过程竟然比很多正规企业的制造流程还要好。其造假程度之高竟然连专家都无法用肉眼区分。这的确是很可怕的事情。

还有染色馒头以及各种蔬菜种植催熟剂、硫磺姜等等，添加进去的工业用原料桶上，竟然都有标注说明每次添加多少，这些产业经过常年运作形成了巨大的市场供需链。非法“产品”规模化生产形成产业链，是近些年来面临越来越危险的一个信号。

除了非法产业逐步扩张，知名品牌产品也频频出现质量问题和食品安全危机。从前几年出现的“冠生园月饼”事件，到这两年三聚氰胺事件、“双汇”瘦肉精事件、“雨润”问题肉事件、震惊海内外的台湾“塑化剂”

事件，再到2011年年底出现的多家速冻水饺细菌超标事件等等，这里面的事件基本都与各大知名厂商有关。

事件一旦曝光，对企业商誉、消费者信心、食品安全都有极大影响。直接对相关产业发展和经济格局产生不良后果。有一些“专家”把罪责怪到了消费者头上，其理论也言之凿凿：谁让大家喜欢又便宜、外观又好看的食品的？这观点极其荒谬，因为对于消费者而言，自然是愿意买到物美价廉的东西，这本身无可厚非。再说百姓有外观需求就可以用造假形式来实现吗？就代表可以违背良心挑战法律？另外“专家”还指责消费者判断能力有问题，并说消费者应该养成判断产品有无质量问题的习惯。这一观点更加滑稽，消费者是通过正常渠道购买的产品，生产销售这些产品的大部分都是通过正规渠道流向市场的。而购买市场的合法途径的产品，难道还要练一个火眼金睛把自己“训练”成专家？大家都是专家了，还要那些“专家”干什么？单纯说消费者需求让非法市场壮大，这本身就是伪命题。

从整个产业发展格局来看，食品消费市场管理漏洞是一个方面。虽然这些危害人体健康的食品逐步形成了自己的产业链条，但是相关的法规监督体系却并没有跟随这些产业的壮大也发展完善起来。较为滞后的监督体系造成了这些非法产业蓬勃发展。

对于食品安全问题，如果想有效监督，则必然要从产品链条每一个方面进行细致管理和监督。各部门分工明确，不能只靠联合执法解决问题。正是由于目前监督体系漏洞较多，才助长了非法食品添加产业的蓬勃发展。

从一些典型知名企业质量安全问题发生时间点来进行比较。我们会发现，很多事件发生时间点有着非常大共同点，其发生原因巧合到了诡异的地步。先从冠生园月饼质量事件开始。发生的时间点在2003年到2004年间，三鹿奶粉事件发生在2008年，而双汇的“瘦肉精”事件、雨润问题肉、台湾“塑化剂”事件，则集中发生在2011年。

虽然各有各的原因，但这些品牌企业食品安全危机发生时间都与经济发展趋势有关。2003年至2004年，正好是新世纪实体经济出现第一次发展瓶颈的阶段，大量资金进入房地产等投机行业。2008年是国际金融危机爆发的一年，实体经济遭受第二次考验。2011 年，实体经济再次进入冬天，而此次危机范围比 2008 年还要大，而这一年食品安全危机发生频率也是最高的。

这仅仅是巧合吗？我们再回来说说“地沟油”。我们普通食用油企业的净利润也不过是 5% 左右，而这个数据也几乎等同于整个实体经济的普遍利润率。那么“地沟油”呢？整个产业链条每个环节的净利润几乎都在 30% 以上。相比较而言，原本实体经济就出现了危机，加上对于违法生产监督又相对滞后，就让市场环境发生了变化，企业出现了急功近利的想法。2003 年至 2004 年间，房地产蓬勃发展，其巨额利润刺激了实体经济某些厂商第一次铤而走险的潮流。2008 年呢？由于利润空间不断缩小，债务危机袭来。迫使很多厂家为了成本降低了产品质量要求，改为进一些低成本原料做产品。2011 年更是如此，由于经济持续走入寒冬，各企业对于质量要求更加轻视。而那些品牌企业，虽然还没有造成企业危机，但不断降低的利润也就让它们更加重视成本以及产品原料的可加工比例。忽视产品检验就成为常态。从这一方面来说，企业急于提高利润心情可以理解，但是以质量做代价最终受害的是自己。

不过，虽然企业急功近利造成了品牌食品安全事件频出，这也仅是一个结果，却并非根本原因。因为从整个产业发展来看，能够造就一个公平竞争平台、有序监督体系以及经济格局合理化才是最重要的根本。而一旦这些方面问题没有解决，则必然让企业发展走向歧途，并不断出现新的急功近利企业。非法食品产业发展越壮大，对相关合法企业冲击越大，因为这就意味着非法企业与合法企业在不公平、不同成本状态下竞争。虽然老话说“日久见人心”，但是有的企业不见得能挺那么久。它们出了问题，就等于竖了一个样板，那就是诚信无法生存。

因此，想要食品安全有保障，则必须还市场公平性，这样才会造就一个食品安全有保障的市场氛围。大众健康可以保证的前提下，经济发展也会更加蓬勃健康。

其实不仅仅是食品安全，很多的产业发展也是一样。不过也有一些企业仅仅为了暴利可以不惜一切代价。甚至品牌造就的本身就包含了很多畸变因素，这就是另外的问题了……

第四节　“达芬奇”的笑了与哭了

“达芬奇”是国内一家非常具有影响力的高端家具品牌制造商，其制造的家具一直是高级、豪华的代表和品质的保证。但就是这么一个高端品牌，却在2011年7月遭遇了“滑铁卢”。7月10日，央视《每周质量报告》曝光家具高端品牌代理公司达芬奇公司，部分产品非意大利制造，原料非名贵木材。这一消息出来后整个舆论哗然。因为“达芬奇”品牌并非寻常家居店，而是具有多年口碑和销售经验、注册资金过亿，并筹备上市的集团式品牌家具公司。如此实力雄厚的家具品牌竟曝了这样的丑闻，实在很不可思议。后续负面报道不断，成为了“达芬奇”怎么也醒不来的噩梦！

7月10日事件被曝光以后，引起了各地媒体争相报道。一时间达芬奇家居成为众矢之的。各方压力笼罩而来，让这个品牌企业猝不及防。慌乱中为挽回信誉，达芬奇公司准备第一时间开新闻发布会。这个“危机公关”行为不但没起到效果，反而把达芬奇推向了更深的深渊。

7月13日下午，达芬奇家居在北京召开情况说明会。CEO潘庄秀华和多位厂家代表坚持表示，所售意大利品牌家具均为100%原装进口，只有好莱坞等美式品牌是全球采购。这场原本应该给消费者交代的新闻发布会，变成了“痛说革命家史”会，该CEO不断陈述创业艰难史并飚出眼泪，但这并没引起人们同情，反而让在现场讨说法的消费者大为不满，最终新闻发布会草草结束。

发布会的召开反而帮了倒忙，令其高层始料未及。一时舆论质疑和更多负面消息铺天盖地，甚至有网友把该CEO照片进行修改，做成了蒙娜丽莎哭泣照来进行讽刺。随着不适当时间、不适当地点、没有切中要点的危机公关失败，达芬奇已进退维谷。就在此时。国家相关部门介入调查，发现了更多的问题。

首先是“达芬奇”旗下产品、产地并非公司宣称的意大利原产地，而是在中国包括东莞等地制造的。有的是“出海一日游”再回来报关称是进口产品，有的是从保税区进口再到国内销售。

其次是关于产品质量，查出其部分产品并不是实木家具，而是密度板加“三聚氰胺”板制成，宣称纯手工制作的雕花，其实是树脂做的。媒体直指其经营暴利。例如，一款原本售价30万的家具，在其供货商那里只有3万块，可见其暴利。

虚假宣传、虚假产地以及其产品质量问题让“达芬奇”再也hold不住，一些地方门店或停业或被查封。曾经红火的家居店变得门可罗雀。这还没有结束，随着时间推移，竟然又传出其上市账目造假的丑闻，达芬奇上市几无可能，并且还要面临成千上万消费者的索赔。这一事件，直接导致“达芬奇”的信用破产。

在这里我们不再对“达芬奇”进行过多的谴责，而是冷静分析提炼其参考价值。事件过后不禁产生很多疑问和思考，为什么一个连实木都不用、质量没保证、伪造产地的企业会长时间受到市场追捧呢？仅仅这些就能造就达芬奇品牌吗？当然不是！

“达芬奇”从成立开始十几年发展速度非常快。资料显示，近10年“达芬奇”在内地6个城市分别开设了规模不一的品牌专卖店（北京、上海、广州、深圳、重庆和成都）。其公司高层曾说过：仅上海跟北京两地加起来，一个月营业额就已达到新加坡一年的营业额。而其净利润也十分惊人，资料显示2008年“达芬奇”公司营业收入2.66亿余元；净利润5700多万。2009年营业收入3.05亿余元，净利润4000多万。为什么“达芬奇”品牌会发展如此迅速呢？其实这跟其专业定位与包装手法有着密不可分的关系。

“达芬奇”是当年为数不多开家居专门店的企业之一，这就营造了一种品牌概念。其对客户的服务非常周到，产品定位于富裕阶层。为了强化富裕阶层优越感及奢华享受氛围，“达芬奇”店面不仅装修豪华，且服务非常高标准。不仅给客户准备现磨咖啡，还会有贴身设计师进行针对性的服务。让有钱人进去就有一种无上优越感，极大地满足了客户的心理需求。同时这种“拔高”现场气势就阻绝一般消费者进场的勇气，更加提升了其门店的豪华气势。这样逐步在富裕阶层形成了行业口碑。不仅如此，“达芬奇”对其产品定位强调欧式豪华风情，洋品牌对中国消费者有一种遥不可及的诱惑力和品位提升感。为了让消费者有这种感觉，“达芬奇”采取了与国际奢华品牌紧密贴合的方式。除了代理国外品牌之外，“达芬奇”不惜工本，邀请顶级奢侈品品牌创始人访问中国。并经常在发达城市外国人聚居的地方举办家具展，其目的很明确，就是借外国氛围提升品牌地位，实际主要消费对象是中国人。凭借着创造出的口碑和专业营销模式，“达芬奇”身价不断在提升，也逐步赢得了市场。

但“达芬奇”销售多年，其很多家具原料并不高级甚至化学物超标却没人发觉，似乎不可思议。这也是有原因的，因为这些购买家具的消费者要的是欧洲的奢华感，对于产品质量信任其实是包含在品牌里的，他们相信这么贵的价格、这么奢华的档次不会出现质量问题。由于对于国内同类产品信心不足，富裕阶层在有能力的前提下自然不愿买信不过的产品。这就成为“达芬奇”营销手段成功的原因之一。

一些舆论矛头也指向了这些富有阶层，认为他们盲目对海外品牌迷恋，忽略了对产品本身品质以及产地的注意。不过在这一点上却未免偏颇。就消费地位来讲，富裕阶层和普通消费者并没有区别，消费者本身不具备相关专业资质，更不用说质量监督了，而关键是不管买什么产品，其监管程序也不在消费者这里。消费者没有这个责任，也没有这个能力去辨别产品好坏品质高低。这些都是相关监管部门以及监察程序的责任。可国内相关监管目前阶段漏洞很多，在此大环境下出现急功近利、投机取巧的手法也就不奇怪了。

“达芬奇”品牌从整体看，不能完全说是一家生产假冒伪劣产品的公司。因为它有着十多年的行业积淀及客户口碑。其产品也不都是掺假以及质量有问题的产品。但是企业一旦萌生了这种降低成本获取高额利润的“短线”赚钱手法，就必然会留下长久的隐患。代价自然是丧失品牌诚信这个无形资产。而海外品牌是否就真应该那么贵？其实就本身材质和设计带来价值来讲也是天差地远。不过由于他们多年品牌积累，以及绝对保证自身品质的企业隐形资产，就保证了的品牌价值。尤其是在产生了行业诚信危机的国内市场，国外产品优势就更明显，自然也就具有暴利性。“达芬奇”多年看重的也是这一点，自己无法具有人家的品牌灵魂，就把自己贴近别人一点，一样也能造出效果。

这本身就是忽略品牌本身价值的一种潜藏隐患，但原因却是复杂多面的。就像后来揭发“达芬奇”涉嫌骗退税以及上市造假的事情，十分值得引以为鉴。像这种钻退税漏洞、上市的资料造假事件，国内企业做得还少吗？“达芬奇”只是倒霉，刚好被关注，就挖出了这些事情，但品牌失信具有墙倒众人推的特点。像举国关注的“中国概念股”海外失信风波、国内的一些公司业绩造假事件等等层出不穷，难道不值得深思吗……

这场“达芬奇”本身的危机，更像是对国内行业急功近利的一场拷问。“达芬奇”做的这些固然可恨，但可恨的公司又岂止这一家，由此引出的对行业诚信的质疑之声也远不会停止。到底该怎么去保护那些兢兢业业求生存的企业权益不受到排挤、不生存维艰才是最该考虑的事情。

第五节　轮胎质量的责任感迷失

每年央视“3·15”晚会都会曝光一些大企业质量问题。2011 年 3 月 15 日的晚会，锦湖轮胎榜上有名。锦湖轮胎母公司是韩国锦湖轮胎株式会社，该公司，在 1996 年总销售额就达 120 亿元人民币，在世界轮胎生产企业中排名第十位，中国国内配套市场占有率第一。在中国有着大量的生产基地，并常年给多家国内汽车厂商供货。就是这么一家知名品牌，竟然也被曝出了质量问题。据媒体报道，进入 2010 年有不少客户投诉锦湖轮胎出现起泡、鼓包的现象，而很多客户一直没有得到满意的答复，基于这一点媒体开始参与调查并暗访。

媒体记者到锦湖轮胎天津有限公司的生产车间，发现轮胎生产过程中，原片胶和返炼胶比例与作业要求相去甚远。按照公司作业标准规定，标准是3∶1，就是 3 分原片胶中掺入一份返炼胶，实际上却出现是2∶1甚至

1:1的现象。原来，在轮胎制造过程中一些废掉的半成品会进入新料中被再次使用，为了保证轮胎品质锦湖轮胎制定了严格的作业标准，严格限制返炼胶的比例。但实际操作却出现多处与规定不符的现象。业内人士称，如果返炼胶比例过多就可能产生质量问题，轻则鼓包重则爆胎，影响行车安全。

当锦湖轮胎的“轮胎门”曝光之后，引起了大众的广泛关注，并有大批车主因锦湖轮胎质量要求更换轮胎，其影响由天津一个生产基地扩散到整个锦湖轮胎的品牌。可是在事件曝光以后，锦湖轮胎对事件的反应速度和处理态度却让人大跌眼镜。3 月 21 日，锦湖轮胎发表声明，表明不能从一个简单视频中就判定其产品质量不合格，并且请了当地质检局来公司进行检验，但检验结果却没公布，另外对于记者拍摄视频中的疑点也丝毫未解释。不过，3 月 22 日锦湖轮胎中国区董事长李汉燮还是鞠躬道歉了，并称将召回所有违规产品。

然而，事件并没有因为该企业道歉而结束。由于媒体舆论指责越来越多，连锁反应开始出现。先是各厂家或急忙撇清关系，或表明立场保留追究权利暂停与锦湖轮胎的合作，总之是尽量与该品牌产品划清界限。消费者呢，原本不会很注意轮胎问题，现在也开始注意哪个厂商生产的轮胎，并记住“锦湖”的名字。祸不单行，不久又传出锦湖轮胎被吊销 3C 认证的消息。很多地方直接发出行政建议停用锦湖轮胎。一下子，锦湖轮胎陷入恶性循环的深潭，并带来品牌危机。这时候该品牌已相当被动。巨大压力之下，4 月 2 日锦湖终于正式向国家质检总局递交了召回报告，决定自 2011 年 4 月 15 日起，召回天津工厂生产的 7 个批次产品，共计 302673 条轮胎。

不过对于召回数量业内还是有很多质疑，因为据报道，锦湖天津工厂的年生产能力在 650 万条以上，涉及的时间内生产的轮胎应该至少在 1800 万条以上，但召回的数量很明显还差很远。虽然意见多多，此事件阴云总算是在熙熙攘攘的怨怼声中逐步散去。不过对锦湖品牌的影响还会持续。

这件事从发生到最后结束，可以说锦湖轮胎的表现不尽如人意。因为不管是从品牌形象维护，对客户的尊重还是从危机公关的表现，该企业都有很多做得不到位的地方。我们就一件一件来解析。先来看锦湖轮胎应对这件事情危机公关做得如何。当“轮胎门”出来之后，锦湖轮胎没有马上作出反应，而是在21日才作出反应，很明显事情舆论扩大化之后才意识问题的严重。之后又没作细致研究和分析，到底有没有有力证据证明产品质量没问题。如果确实存在质量问题，就该马上进行产品公开自查以及致歉，并快速作出反应把问题轮胎召回。

但实际上他们做的是先否认又道歉。很明显其道歉诚意和效果要大打折扣，消费者和厂家肯定不会买账。而在道歉时，就应该提前做好部署并给一个预期，让大家放心，在此时限内保证能够作出召回行动。这样能够给大家吃颗定心丸，但厂家并没有这么做。这就让事件有扩大影响的空间。另外召回数量占比太少。无法满足有此问题轮胎客户需求，必然会造成二次对品牌声誉受损。因为这件事的监督者不仅是消费者，还有供货的诸多厂家。如此态度让厂商也失去信心。国内轮胎企业并非寡头竞争，一旦有了差错必然造成大客户的流失。锦湖轮胎原意是全部召回必然造成巨大经济损失。可如此一来，造成的隐性损失恐怕要要高很多。在这方面品牌维护意识明显不足。

其次，是企业对于消费者反馈明显服务滞后。其实对于类似鼓包现象在2007年以后就已经有不少消费者投诉了，在2009年，国家质检总局曾通报，锦湖轮胎存在较为严重的鼓包和侧面裂纹问题。甚至在美国已经进行过两次召回。也就是说，对于其生产轮胎产生这样的问题，其实厂家早就已经知道。但是仍然对消费者反馈用种种理由来辩解，声称跟质量无关。这样就积下了2011年爆发的隐患。

很明显企业日的是节约成本。汽车相关行业利润逐年下滑是事实，橡胶价格也一直在逐年上升，价格挤压自然让企业不很好过。但是以如此大的隐患换取降低成本却显得很短视。因为一旦问题集中爆发就不是成本问题了，而是整个企业生存危机。

品牌的特点在于企业旗下任何生产点都是整个有机体的一部分，一旦一个点出了问题，则必然影响整个机体运行。对锦湖轮胎也是一样，天津一地曝光引起了整个品牌质量信任危机，很容易把整个机体破坏掉。这个时候即使壮士断腕也很难挽回损失，只有用整个品牌和整体影响力来挽回大众的信心，用诚意挽回品牌声誉损失。虽然这么做短期会蒙受较大损失，但这就像欠下的债，如不还利滚利就把厂家压死。一旦企业出了问题，必然会对竞争对手造成有利局面，趁着声誉受损快速吃掉你曾经的市场占有率。

在锦湖轮胎事件之后仅仅月余，韩泰轮胎又出现了类似的问题。其质量问题几乎与锦湖轮胎如出一辙，说明其意图也跟锦湖轮胎相一致，仍然是为了成本控制。另外我国对轮胎行业监管方面相对较为落后，该行业标准制定于 1997 年，与行业标准监管落差达到十年以上，并且对于质量出问题召回也没有相关的细致监督。这就造成了相关行业对于出了事以后的后果没有震慑力。而能够产生影响的就只是品牌信誉，但这在短期又不能够对企业造成有效打击，对其他企业没有起到敲山震虎的作用。因此出问题的企业也就非只一家了。这种事情一旦形成行业潜规则，仅靠道德约束又怎能够起到监管作用呢？仅仅靠事后监管处罚并不能对整个行业起到推进作用，只能让大家觉得该企业只是运气不好。

另外，由于轮胎行业属于产业链中的一环，属于汽车的一个配件。往往就会出现消费者只针对汽车品牌购买，而没有留意到轮胎本身质量。这种利用消费者盲点钻漏洞的现象一旦出了问题，就可以轻易找到其他方面的理由来搪塞消费者。想要改善依然离不开监管。因为这个行业监管需要有专业监督机构杜绝质量问题，如果再把问题转化到消费者身上，那么真的是行业监管的悲哀了。

第六节　急功近利与质量溃烂的血缘关系

前面几节我们对经济运行中产品质量、食品安全以及企业急功近利方面作了较深入剖析。在这里我们来总结一下，为什么食品安全及产品质量问题总是解决不好。到底该用一种什么样的方法和态度来对待未来经济发展趋向。

首先目前很多企业运作特点是在面对市场竞争当中只注重产品宣传和推广，忽略了产品本质核心以及整个产品精神。什么是产品本质核心呢?就是从研发到生产、运输、推广到销售各个环节都能够按照有机方式进行，保证产品质量稳定性，产量可控性。并能够持续保持产品在客户那里的需求、美誉度、专业针对性。持久以后客户就会逐步对该品牌精神有所体会与了解。国内企业普遍的误区是，只大力对产品进行促销和包装，并没有打好企业根基。开始促销手段比较有效果。但由于其营销方面所占资金量也多，影响企业发展。企业生产能力完全跟不上企业对外销售的数量。而这时候如果营销方面不继续投资，必然会造成销售量急剧下滑。形成生产能力不足，研发技术几乎没有，产品的高低端产品运作和细化程序就更不可能做好了。在这种无奈之下为能快速赚钱补充产量不足，只好铤而走险让自己走进了恶性循环的发展歧途。其最终结果必然是企业信用破产。

其次则是近年来质量问题逐步由个别事件发展为系列事件。问题爆发点，也由一些小厂商扩展到品牌企业。仅近四年时间，就密集出现了三聚氰胺、塑化剂、瘦肉精、达芬奇造假、味千拉面汤骨门、速冻水饺菌超标、牛奶致癌物等多方面质量事件。这种事件愈演愈烈其实包含着深层的原因。一方面是同种类产品竞争恶性循环。相同产品在价格竞争、原料成本竞争等方面激烈争夺，已经由品质竞争转为了企业实力竞争，看谁的腿更粗、资金更雄厚。可最终往往几败俱伤，为了控制成本和争抢货源就降低对产品原料质量监察。另一个原因是监管漏洞带来行业的非公平性竞争。这种竞争特点是同行业在同等竞争体系下面对同样客户，出现欺骗手法炮制出同外观但质量较低的产品。

由于品质保证是需要时间来证明的。而一些宣传效果的加强不但可隐藏不足，还可在客户没有得出品质结论以前就打败对手，令竞争对手很快消失。结果是低成本高效益企业作风逐步取代了以质量为核心的企业运行轨道。时间长了市场整体大环境已经确立，按照规矩做事的企业就会逐步被淘汰，即使原本想要做品质的企业，在这种环境之下就面临着选择，要么也投机取巧，要么就消失。无奈之下也就必然会选择前者。

当成本低廉高效益成为整个经营环境准则之后，孕育出不管大企业还是小摊贩，都会以同一种模式来运行。很多跨国大公司，在进入国内之后其品质也会产生相应的变化。只不过这一类企业非常聪明，他们始终明白如果产品有问题始终会被曝光。所以只会相应降低品质，但是仍然在标准要求之上。这样即使品质与其他国家标准不同，也不会有太多人去计较，因为相比较起同行业的国内企业其标准依然不低。

除了这些因为市场环境导致的客观原因，其实更多的还是企业自身的短视。这种短视不仅仅是因为成本挤压带来的，其主要是因为对于暴利刻意追求。往往就令企业逐步走进危机的边缘。这些企业普遍表现出来的是：因为平时就具有急功近利的思想，因此即使是有可能对产品质量产生影响，只是暂时造不成巨大危害，但能够大幅降低企业的产品成本，就会去做。当做了一段时间后，胆子自然就越来越大。全然没有预估到这样对企业品牌本身会造成多么大的隐患。这些企业当问题被曝光后，长时间来形成的侥幸心理已完全占领整个企业灵魂，因此他们的第一反应就是矢口否认。当事情扩散即使是公开道歉，涕泪横流也无济于事。其主要关键就是这些企业本身对于危机公关的误解。在他们心中危机公关是为了让他们能够在短期摆脱不利因素，化被动为主动。当危机过去就一如往常。这本身就是对危机公关完全错误理解。危机公关本身，是要对你已经做错的事情作出补救，让大众相信企业还是值得信赖的。最管用的危机公关并不在于手法，而是真诚道歉并最快让受侵害客户损失得到弥补，挽回企业形象。

这个时候企业能够拿出最好的危机公关手段是真诚！这期间可能要花很多资金，但是换回的却是广大客户的谅解和重新信任。这种无形资产是无法用数据衡量的。因为品牌本身的无形资产就是一笔巨大财富。如果对品牌形象不能引起重视，觉得局部某一点出事不会影响全局，那这就大错特错。从历史上来看，信用危机就像即将融化的冰山，当一角垮塌之后就代表整个冰山即将崩塌，企业永远也无法独善其身。

一个例子足以证明企业信用的值钱度。如今已是成功商人的史玉柱，当年他的企业因为急功近利垮掉以后重新创业。这时他完全可以宣布原企业破产保护自己另起炉灶。但是他没这么做，而是把欠的钱还给了他们。这种行为叫高尚情操吗？不！这是最鲜明维护企业形象、企业信用的成功案例。虽然史玉柱用了几亿代价还了老债，但是却利用此次机会建立起了新的集团信用体系，一个品牌正面形象从此树立了起来。这一刻他读懂了品牌的价值。

我们不敢说每一个恪守企业原则，并能够让自己质量不变质的企业都会成为伟大的企业。但是可以肯定的是，每一个伟大的企业绝对都是质量和品质值得信赖的企业！

第十章　产能与资源垄断的冤家路

进入21世纪后，我国经济加速增长同时拉动了各个产业腾飞。从20世纪80年代经济产品极其匮乏，逐步发展到各行各业各产业链循环极其繁盛的时代。但随着经济运作速度加快，各行业的占有量逐渐趋于饱和。我们虽然生活更加便利，但也面临着新的问题，那就是产能过剩。这个问题在近几年越来越尖锐，涉及的行业也越来越多。相对这些行业上游资源却面临供不应求。本章将较为详细举例说明产能危机与原材料供不应求矛盾的产生、危害是什么，对我国经济造成怎样的困扰。该如何解决这些问题，将是未来必须面临的挑战……

第一节　汽车业“超生游击队”引发的吃饭问题

国内汽车产业发展在改革开放以后经历了几个时期的增长，分别是20世纪90年代初、90年代末及2005年以后。这三个时期分别是几种模式受市场变化影响的结果。

90年代初国产化率成为汽车业主要发展方向。但是随着国际市场冲击以及国产车本身的各种问题，导致了整个产业进入了瓶颈。所以在市场演化及政策放开的前提下，1997年6月12日，上海通用汽车有限公司成立以及1998年7月1日广汽本田成立让中国汽车业进入了一个新的时代。

从此，中国汽车业逐步进入了合资时代。进而改变了整个国产汽车业运行模式。虽然属于合资，但是不管是技术、机器、制造流程以及产品研发设计其实基本上由外资掌控。这种合资趋势化虽然帮助国产汽车业顺利度过了瓶颈期，但国内汽车企业主动性相对比较低。随后民企参与汽车制造业的愿望也越来越强烈。而这确实对经济发展极为有利。于是一些有实力的民企在政策放开前提下进入了汽车业。这也意味着汽车业进入了一个新的竞争阶段。

民营企业进入，面临最大问题就是企业核心竞争力。如何在强手林立的汽车业立足，是民营企业面临最大的问题。因为不论从资金规模、产品技术、网点覆盖还是品牌影响力，民企都无法取得主动权。想要顺利起步唯一能够拼的就只有价格。

刚进入新世纪时，国内汽车业主要针对的客户就是中高档市场，低端市场普遍还没建立。普通大众的买车需求尚没有表现出来。民营企业就是看中了这个潜在的广大市场，决定开发低端市场，以绝对低廉的价格勾起普通工薪阶层买车的欲望，其中的代表就是吉利。

吉利汽车仅靠着十几亿元投入，竟快速生产出3万元以下轿车。说明其谋划低端市场的策略很早就有了。在尚未进入汽车领域之前，吉利就已开始了低端汽车的研发和试制。在十几年前央视的一个栏目中，吉利掌门人李书福曾非常激动地说："哪怕是失败，能让我们进入市场去竞争一下也死而无憾。"说明了当时吉利已经非常想争抢汽车产业这块"蛋糕"。所以当吉利进入市场后，产品立刻受到消费者欢迎，市场销售接连翻番。

为什么低端汽车能如此受欢迎？主要原因是低端汽车有几个优势：首先，是价格优势。价格决定着市场门槛。普通消费者能对汽车产生联想，只能是在他们的年收入2－3倍以内。如果超出这个范围，往往就会令很多人望车兴叹。以当时薪酬标准，3万块是普通工薪阶层能够接受的具有诱惑力的价格底限。但以这个价格在汽车合资公司里尚没有针对性考虑。因为在当时汽车制造毕竟还属于一个较有优势的行业，竞争也并未白热化。车型也是日韩型与欧美型，相互冲突性并不大。

其次，是耗油量低，这种低价汽车往往属于小排量汽车，虽然其最大的时速不会很高，但城市中原本就不需要太高速度，这一点对工薪阶层非常具有诱惑力。而国内油价又不断蹿升，无形中又增加了此类车的竞争力。

再次，就是这种汽车的小巧优势。由于其成本空间较小，所以必然构造不会太大型，小巧车型虽然略显紧凑，但其停车与行驶也就更加方便。这一点非常吸引城市白领一族。极大的优势造就了低端汽车竞争力的扩张。但是这种低端市场开拓壮大之余也改变了竞争格局 。

低端市场的不断开拓，造成了国内汽车业品牌大爆发。一个个像吉利这样的公司不断崛起。而低端汽车市场的普遍特点并非靠单个产品利润率来占先机，而是靠数量取胜。于是在短短几年，国内汽车保有量出现了爆发式增长。1999 年到 2000 年间，汽车产业已经是当时的高峰，其乘用车增长的态势也不过达到 12.3% 和 13%。可是，进入到 2006 年产销量竟达到 32.76% 的增长速度。如此的市场发展也让很多原来中高档汽车企业放低了身段，开始开发 10 万以内汽车参与竞争。

2007 年国际金融风暴袭来，让世界各国和地区产业都遭受到了影响，其中就包括汽车业。由于欧美汽车销量受到了影响，加上工人工资、福利、保险等等方面影响，汽车业相对都有些消化不良。2008 年以后压力越来越大的世界知名品牌开始产业切割与重组用于自保。但对于国内来说，却并没有因此受到过多影响。尤其是国内针对国际金融风暴所提出的 4 万亿投资及十大产业振兴计划，让“汽车下乡”成为再一次刺激汽车业发展的兴奋点。于是，各大汽车厂商趁此机会也不断扩产增资，趁机占领市场。2009 年，国内汽车产量超越 1300 万辆，销量也突破 1000 万辆。到 2010 年，中国汽车产销已经双超 1800 万辆蝉联全球第一。于是一场不可逆转的产能过剩序幕逐步拉开了。

随着汽车业不断扩张，其产能也在突飞猛进发展。在政策刺激下各个厂商都尝到了“丰收”硕果。但此时他们没有意识到大量增产将导致企业负担加重，随着激烈的竞争及“汽车下乡”政策的结束，各个企业利润空间受到了前所未有的挤压。

尤其是一些国内自主品牌汽车厂商。很多企业趁着汽车业红火之际进行了一些高负债率的扩张，陡然绷紧了企业资金链。吉利汽车在完成了举世瞩目对于世界知名品牌沃尔沃的收购之后，开始出现了资金链紧张、负债率加重、净利润率下降的多重压力。吉利在并购沃尔沃以后，虽能获得国内银行支持，但由于接手沃尔沃本身在工人待遇和福利，整个产业发展后续资金补充，加上沃尔沃在国内品牌扩张与建厂，不断加重吉利本身企业负担。据吉利集团披露连续3年合并负债资产表显示，吉利集团负债总额从2008年的47.8亿元陡增到2010年的710.7亿元，总资产负债率为73.4%。

负债总额出现如此巨大攀升的重要原因，主要是由于吉利集团在2010年完成对沃尔沃收购之后，也继承了沃尔沃汽车的巨大债务。在收购沃尔沃之前，吉利集团2009年债务总和为160.5亿元，一年之后增加的债务主要是由收购沃尔沃项目所产生。非常危险的是，吉利集团2010年财务数据显示，其710.7亿元负债中，流动负债为479.7亿元，非流动负债为230.9亿元，流动负债（在一个经营周期或一年内需要偿还的负债为流动负债，偿还期超过一年或一个经营周期的为非流动负债）占比非常之高。

因此，吉利汽车不得不靠发行中长期债券置换债务以降低风险。而最糟糕的是，公司2010年实现销量41.58万辆，同比增长27%。然而，2010年中国的乘用车市场平均增长幅度为34%，在没跑赢大市的情况下，未来整个汽车业产能还将扩大，这也使得吉利面临更大的危机。

除了吉利，很多自主品牌的日子都不好过。为提高销售量，厂商必须在本已低廉的价格上再多给优惠才能争抢市场，这样就极大地挤压了利润率。2011年一季度，世界知名品牌宝马公司从每辆售出汽车中平均获利4462欧元（约合42210元人民币），奥迪和奔驰汽车的平均单车利润也分别达到了4145欧元（约合39211.7元人民币）和2981欧元（约合28200.26元人民币）。与这些洋品牌相比，国内自主品牌尤其是低端汽车市场单车利润有的甚至只有200元人民币。2010年自主品牌乘用车销售量虽然占我国乘用车总销售量的45.60%，但是其单车利润率普遍仅2%到5%。

如此低的利润率，却不能保证生存空间不继续被侵犯。据相关统计数据显示，2011年年底国内14家主流汽车公司累计产能已达到2300万辆，加上国内其他汽车公司，汽车行业总产能将在2500万辆以上；这也就意味着会有 500 多万辆的产能剩余。而业界估计，2015 年中国汽车企业产能将达到 3250 万辆，其产能剩余将扩大至千万辆以上，如此大的产能过剩，必然成为汽车业发展的重大隐患。而很多品牌出现的种种利润被挤压 、盲目扩张出现的负债率过高，也将会产生新的危机。

对于整个汽车产业来说，虽然有着如此多产量如此多厂家。但以低价位来作为品牌核心竞争力本身就意味着未来要迎接更多风险和挑战。国内汽车业与洋品牌利润差，就是一个生动的品牌发展模式对比。如何让企业站在整个产业高端地位才是未来汽车业发展模式。在低端市场以价格战“拼刺刀”最终不但造成了巨大的资源浪费，更重要的是，让企业逐步在经济发展淘汰赛中迷失并出局。

到目前为止，我们国内品牌尚没有能够掌握高端产品的核心技术产业链条生产能力，这本身就是汽车业的悲哀……

第二节 绕不出的钢铁业的“僧多粥少”怪圈

我国一向重视钢铁产业发展，而钢铁产能本身也一定程度上代表着综合国力以及经济发展状态。事实上，中国钢铁产业发展在近些年来可以说是非常迅猛的。但是飞速发展的钢铁工业本身也蕴涵着潜在行业危机。其中最大的危机就是产能过剩。

钢铁行业发展快速时期，往往跟随着建筑行业的发展。20 世纪 90 年代，是全国公路桥梁等建筑大发展时期，改善居住条件也使得钢铁需求量大增，但是真正到了行业加速时间，是在 2000 年以后。2000 年，房地产业逐步起步。而随着房屋价格不断高企，新一轮房地产建设大潮由此开启，也带动了钢铁工业大发展，但随之而来的问题却越来越尖锐。

我们可以用一组数据来看一下钢铁产量的“突飞猛进”。2000 年我国钢铁年总产量就已达到 1.27 亿 吨，但这个数字也仅仅是个开始。2004 年中国钢铁总产量就已经翻了一倍还多，逾 2.7 亿吨，占全球钢铁总产量的 1/4，并成为全球钢铁产量最高的国家。

仅仅隔了一年的2006年年产达到了4.2亿吨左右。到2010年已经突破6.2亿吨，增长非常迅猛。大量产能让钢铁企业逐渐出现了赢利下降、供大于求的状况。

很多主流舆论认为这是由于大量地方小型钢铁厂不断的开启造成的。这种观点并不是一点没有道理，但这却不是主要原因。因为2006年后，国家已经开始了对落后产能进行有步骤的淘汰，但最终形成了两种结果。第一是各地方为了能够不被淘汰并蒙受巨大损失，开始了与国家标准“竞赛”。比如：国家如果制定在多少立方米高炉，各地方就会赶紧盖符合国家标准的高炉。这样下来，不但出现了重复建设情况，而且还进入增建的怪圈。

第二是钢铁企业并购重组。对落后产能关停，其实就是对小厂关停。这样就引起了巨头并购浪潮。这种巨头并购浪潮虽然加速了大企业并购小厂，并在一定程度上提高了企业竞争力。但也带来相应的问题，那就是虽说股权结构发生了变化，但实际生产的产品销路完全没变化。也就是说同样厂家产品只是换了“东家”。而很多新“东家”入主以后除了扩容生产，并没其他变化。这样反而出现产能加速状况。据报道，2005年，我国热轧产能生产线是19条，但是到了2008年的时候，热轧产能生产线竟增至61条。

产能过剩问题的出现让钢铁企业库存量大增。2008年，国家为了能够消耗过剩产能推出一系列产业振兴计划。希望通过大量的基础设施建设，提高就业率同时帮助大型钢企消耗多余产能。虽然政策用心良苦，但是从现实数据来看，不得不说此举并没有多大帮助，反而导致各地钢铁企业大量增产抢占市场。产能过剩车轮竟然继续加速前进。

除了这些客观因素，还有很多是钢铁企业本身主观因素。从整个行业来看，盲目扩大产能是属于整个行业通病。目前基础设施建设尚能维持钢铁行业整体利润以及销售量。但随着各项投资拉动产业振兴计划及基础建设完工，加上房地产业逐步进入政策抑制状态，逐年上升的产能如何保证其销售量以及行业赢利呢？其前途是非常值得忧虑的。

就赢利来看，我国大中型钢铁企业利润率2007年以后就逐年下降，从

7.26%逐步降到3.23%和2.46%，2010年虽有所回升，也只达到2.91%，远远低于全国工业6%以上的平均水平。随着产能增加赢利水平逐渐下降，出现了钢铁行业最大的潜在危机。

既然内销方式趋于饱和，出口方式能不能解决钢企运作难题呢？我们来看一组数据：在国际金融危机以前，我国的出口相对还较多，曾经有超越年产量11%的状况，不过受金融危机的影响，2009年出口粗钢仅0.5%，到2010年有所恢复，达到4%以上。另外，国家对出口钢材还有所限制，原因是我国进口矿石用来炼制低端钢材，再出口让其他国家享受红利的情况已被重视，这又进入了类似代加工的误区，因此国家进行相应限制出口也有道理。所以仅靠粗钢出口完全解决不了问题。

而国内钢企主要依靠低端产品的赢利模式也是整个行业软肋。因为从整个市场情况来看，虽然我国钢铁产量连续数年居全球第一，但是钢铁高端产品却占比极低，甚至汽车、机床、家电等行业不得不大量进口相应钢材。消耗了大量能源的同时又污染了环境，并浪费了大量电力资源，最终换来的只是微利。此类企业对铁矿石需求太大导致世界矿石开采商的博弈，这样又加高了企业成本。即使这样的微利也无法保证赢利稳定性。

从全球钢材高端产品占比来看，世界强国高端特钢占比都很高，平均都在15%以上。尤其是瑞典、日本、德国甚至达到55%、21%和24%。我国同类产品则占比很低，仅占6%，这仅相当于日本20世纪60年代的水平。而更高端合金钢占比我国不到5%。全国诸多特钢企业，真正生产的特钢产品占比甚至不到三成，特钢不特成为行业普遍现象。

而汽车业自身钢材占车身重量的70%，近2/3是特钢构成。国内特钢严重不足就造成了一方面需求量大利润也丰厚，但另一方当面供给不足。同类低端产品却产能过剩。这就要求钢铁企业不得不转变企业发展思路。

但就目前来说存在着很多问题。比如说过钢厂多低端产品生产线，有些钢铁厂因为行业利润不断下降，导致被逼用一些非正常手段降低成本，以量大低成本来保证利润。有业内人士曾经介绍，厂家炼钢转炉本来产能是100万吨的，但是实际产能却可能超过一倍。转炉炼一炉钢要近一个小时，但是实际上却出现只不到半个小时的现象，另外方法是超装铁水，也能达到高产量。通过这样缩短生产时间以产品质量作代价大量生产。导致了产能大大增加，也为产品带来了质量隐患……

从整个行业面临问题来看，在政策上进行相关限制是非常必要的，但如何能够将企业由恶性价格竞争，逐步转型为透过高端产品研发与生产销售获得高利润主导行业发展是当务之急。因为从整个全国钢铁行业发展态势来看，在未来数年内将必然面临着整个行业因为低端产品过剩导致行业危机。

如何转化危机，让低端加工速度降下来，高端产品生产提上去才是必须解决的问题，也是整个钢铁行业能否走出新发展之路的最大考验。

第三节　新能源产业是“朝阳烈”还是“夕阳红”

新能源是近年来公认的朝阳产业。这个产业曾被国家寄予厚望，并希望透过新能源产业发展带来新经济增长点。因为近些年来能够找到一些新经济增长点也是越来越难，所以新能源发展格外受到重视。

而这几年只要是沾到新能源边的产业也都会得到相应优惠和政策扶持。但由于我国新能源建设系统尚未完善，所以行业商业化也相应受到制约。这种情况下很多地方没进行市场调研就仓促上马，新能源产能过剩现象就普遍出现了。

这些产能过剩有极其复杂的原因，并不是单纯生产过剩，其中也有其他的干扰因素。先看看太阳能产业。太阳能发展主要是靠多晶硅制造。而多晶硅本身属于高污染、高耗能产业，所以产业本身就是把双刃剑，一方面产品流通到市场是节电节能的，但在制造环节却要出现很多不环保问题。

但这还不是最大问题。抛开高耗能、高污染的不利因素，先来看上游产业。2006 年起，逐步刮起一股炒作多晶硅风潮。此后价格 3 年间飞涨了 16 倍。2001 年，中国光伏电池产量仅 3 兆瓦，2008 年已达到 2000 兆瓦，居世界第一。6 年增长了 600 多倍。这就刺激了该行业投资行为。国家新能源产业开始出台扶持计划之后，各地方更积极筹资建厂。2008 年我国多晶硅产能达 2 万吨，产量却仅 4000 吨左右。但在建产能竟足有 8 万吨。2009 年在建工厂预计产能已经超过 20 多万吨。

更有意思的是 2010 年，国内自产多晶硅 3.8 万吨左右，同时需要进口 4 万吨。也就是说国内的多晶硅远远供不应求，那么这就很奇怪了，从 2009 年后半年起国家对多晶硅产能过剩曾经作过分析并限制此类工厂上马，为什么看起来一方面产能过剩，另一方面还要进口呢？其实原因很简单，主要因为某些地方为了得到政策扶持，让经济看起来发展更快就盲目上马。先圈好了地盖上再说。盖上后能进入生产阶段并符合市场要求的并不多。因此，产能看起来很过剩，实际上却出现供给不足的现象。

好的政策在执行过程中往往出现"一刀切"现象。在扶持时候大批上马造成人力、物力大量浪费。但限制时候又一下子都限制住，让原本有能力生产合格产品的在建工厂大面积停摆，造成了新的浪费。这就是太阳能上游制造所面临的问题。

如果说上游产能过剩问题是一种"表里不一"现象，那么下游产业发展则呈现出一种无序而又杂乱的趋势。就以发展最广泛、最普及的太阳能热水器行业来说，在节能减排政策扶持下，太阳能热水器生产逐步壮大起来。太阳能热水器本身生产工艺要求不高，门槛非常低。所以进入这一行业的企业不计其数，甚至很多手工作坊都可以进入该行业。这就造成了大量同类生产企业的诞生。

2008 年，我国太阳能热水器产业增长率为 30%～32%，销售总额为 400 多亿元人民币。仅当年该行业就新增了 2000 多个品牌。由于该行业高利润、低门槛，于是就造成了同类产品生产过多过滥，市场出现了阶段性饱和。一方面市场需求跟不上生产步伐，另一方面新能源产业又需要发展，所以一些城市开始出现新建 12 层以下楼房必须安装太阳能热水器的规定。这些规定本身的用意很好，希望能以房地产强势带动新能源产业发展，但由于违背了市场运行规律，采用强制命令的手法不可能整体解决整个产业问题。因此该行业产能过剩问题也就是必然趋势了。

再看看风电产业，风电产业扩张较早。2004 年起突然起飞，从 6 家猛增至2009年的70多家，企业数量增长10倍以上，风电装机容量也从2001年的40几万千瓦，迅速发展到2008年年底的1200万千瓦，7年中足足增长了25倍。而本身风力发电是受到环境条件限制的，成本相对压力较大，所以国内根本就无法应对这么多生产供给，于是又造成了产能过剩。

最后我们再来看看新能源汽车，新能源汽车目前就是混合动力、纯电动车、天然气汽车以及太阳能汽车。纯太阳能汽车本身技术、价格都暂时无法在考虑范围内。纯电动车缺点是空调、取暖、除霜等耗能大运作无法运行，这是个技术软肋也暂时无法突破。一方面该车有这个软肋，造价又相对较高。但消费起的人本身不会因为无油耗、省钱就放弃空调等系统。所以针对消费群就几乎消失。只凭个人觉悟买车的群体毕竟无法符合市场运作规律，很难生存。混合动力车虽然解决了电动车的软肋，也相应地省油，但目前在国内价格还是过高，导致无法大众消费。加气的就更不需多说了，加气站建设需要长时间普及，相应建设成本也偏高。所以从产业发展角度来说，这些也是中短期很难解决的问题。大量新能源汽车上马自然也会造成阶段性过剩。

那么是不是新能源不是朝阳产业并且没有发展前途？也不是的。从整体来看新能源产业不能盲目上马，而是应以产业试验基地作为生产点来逐步研究和生产。也就是说要么不上马，上一个就必须能够生产出合格过硬产品。要集中不要分散，要做强而不要做大。并且按照市场需求来进行产业调整、市场开发，绝不超前建设。

另外从产品研发、生产、下游加工到销售建立一个有效而及时反馈的信息化平台。这样可以针对市场变化有效调校发展方向。从目前欧美国家较为成熟的运作来看，很多新能源产业并未普及化，但是还是有计划有进度地研究和发展。比如美国对于汽车改进，方向是如何制造更加省油的汽车，如何在不增加大众负担情况下研发新能源产品，如何进行普及化新能源数据研究。归根结底一个宗旨，产品未成熟绝对不会普及化推向市场。新能源利用确实是朝阳产业，但朝阳产业也就意味着这个市场还没有成熟，产品还不够完美。任何一种产品在不成熟运作前提下超前发展，得到的自然是夕阳产业的效果。所以所谓“朝阳烈”还是“夕阳红”，完全视其对发展的态度。

总而言之一句话：新能源，谨慎推进比超前的建设来得更加可贵！

第四节　铁矿石资源“讨价还价”的背后引擎

矿石资源价格争夺战，已不是一朝一夕的事情了。随着我国经济发展加快对于矿产资源需求量也大增。而近十年来国内基础建设以及房地产开发等方面更是开展得如火如荼。既然要建设就需要大量建材。而市场有需求，企业往往就会加快运转速度并迅速扩张。所以就出现了大量同类企业上马。这本无可厚非，但是一旦企业大量地生产，往往就需要大量的原材料。

就以铁矿石为例，国内矿石供应量已经逐渐无法满足企业需求，通过进口途径获取原材料成为大家共同目标，这样就有了极大进口需求。20 世纪 90 年代末，我国进口铁矿石占需求总量比例也还不到三成。到了 2008 年与总需求量占比就达到了近六成。从整个需求增长形势来看 2005 年以后增长就开始呈加速状态。数据显示，2008 年中国进口铁矿石 4.43 亿吨，占全球海运铁矿石比重约 52%。2009 年进口铁矿石 6.28 亿吨，同比大幅增长了 41.6%。有了需求就必然有供给，可问题来了，当全世界都知道中国需要进口大量铁矿石的时候，这些矿石采掘商们能够作出的事情是什么呢？就是联合垄断！

在目前世界上矿石生产出口商具规模能造成垄断的，就属俗称“三大矿山”的淡水河谷、力拓、必和必拓。这三家全世界最大矿石生产商原本其赢利能力并不特别强，铁矿石价格也一直没有太大的起伏。数据显示，1981 年至 2000 年 20 年间，铁矿石年度价格调整幅度均未超过 20%。

可随着中国发展加速铁矿石需求加大这一公开秘密传遍全世界的时候，三大矿山也就开始了它们默契垄断，挟国内钢企以涨价的大计。从历史上来看，铁矿石价格加速，恰恰也是国内建设提速的两个阶段。2005 年房地产价格攀升阶段开始，恰好这一年制造业不景气，房地产行业开始加速。到了2008年进入了第二个阶段，基础建设进入提速阶段。这一阶段先是大量基建工程施工，紧接着房地产也继续加速上涨。就这样，三大矿山看准了机会，铁矿石价格就在这时加速提价。特别2008年后，我国进口铁矿石价格飞速猛增。随着一次次铁矿石谈判，国内钢企屡败屡战，始终没有改变现实。

资料显示，自2010年开始在三大矿山强势推行下，延续40多年的长协体系崩溃，取而代之的是以现货市场为基准的季度定价机制。按照三大矿山定价公式，每一季度铁矿石价格将按照上一季度中国市场现货指数均价来确定。在国内钢厂生产步伐继续加大前提下，这样定价体系并没有维持多长时间。2011年，在三大矿山的威逼下，铁矿石价格变成了一个月一定价，并将以国际铁矿石价格指数为标准，作为将来定价准则。而且不再给中国钢铁企业谈判机会，只是在涨价前通知一下。所谓铁矿石价格谈判，已经名存实亡。

如此加速涨价给这些矿石巨头带来了巨额利润。三大矿山2010年业绩报告显示，淡水河谷净利润173亿美元，必和必拓170亿美元，力拓赢利增长两倍达143亿美元。与三大矿山经营业绩形成鲜明对比的是，国内钢厂利润微薄。中钢协统计77家大中型钢企仅实现净利润不到900亿元人民币，折合美元仅130多亿美元，连三大矿山赢利总额的三分之一都不到，这确实是行业悲剧。虽然我们国内有需求量这是事实，但是不是这个事实就可以导致整个行业沦陷？当然不是这样。

除了三大矿山互相加强了合作步伐，日本战略并购也不可小觑。从20世纪60年代起，日本就开始加强了在海外参股或者收购矿产的步伐。矿产资源贫乏的日本知道，只有不断在海外并购矿产才能取得经济的制高点。很显然这一步战略非常成功。在长时间苦心经营下，日本竟然也成了世界矿产经营最多的国家之一。

进入新世纪以后，日本仍然不断参股这些矿产巨头。这对于矿产巨头来说是非常欢迎的。原因很简单。第一，日本国土面积不大，本身不需要这么多矿产资源建设。第二，日本已经拥有大量的矿产资源，原本就无法对日本实施垄断，所以与其这样不如合资，一方面扩大了资本，令资金充实。另一方面拉拢了一个新的帮手。于是近些年会看到类似的现象：几大巨头不直接跟中国对话，而是先和日本顺利签订协约，然后按照所谓国际惯例强制把与日本协议当做最终定价。

很明显，它们要抬高价格针对的就是中国。日本因为本身海外矿产丰富，加上在矿产巨头那里的股份，即使价高也不会影响其利润。加上日本连线控股形式让钢铁企业也相应占有股份，其更像是一种商业联合体，一荣俱荣一损俱损。所以几大巨头获利日本偷偷赚钱，而有巨大需求的中国就不断吃哑巴亏。

除了战略合作，矿石巨头们对于信息收集也极为重视。2010年震惊海内外的“力拓间谍门”揭开了丑陋的一幕。暴露出主要问题就是，一方面工作人员透过从钢铁企业内部人士口中收买信息，以了解产业整体状态、谈判筹码等。另一方面，各钢厂为能买到铁矿石做台底交易。事件发生后，力拓等巨头很轻易地解聘了相关工作人员并从法律上逃脱了干系。最终只能制裁几个小喽啰。不过通过这件事可以清楚，当收集了可靠信息知己知彼的矿石巨头走向谈判桌的时候已占尽主动权。

“间谍门”后形势依然没有转变，一怒之下的中钢协抛出“撒手锏”，向国内钢企发出停止进口铁矿石两个月的呼吁。但这一举措并没有起到作用，因为产业格局没有发生变化。而国内钢企众多，心思也各不相同。此后国内矿石价格疯长，而国外巨头则趁机捂盘惜售。这样一来反而没等谈判就已经等于宣布自己失败了，市场表现成了王道。到2011年，人家干脆连谈都不想谈，直接就要按照指数一个月一个价。

这毫无疑问非常不公平且后果严重。因为这不单纯是钢铁与矿石企业之争了，而是矿石巨头与国际金融资本联合抬高指数。矿石巨头靠现货出口赚钱，金融资本直接在金融市场上赚大钱。所有成本压力都抛给了中国企业……

国内企业和中钢协并不是什么也没做，不过在这种上游产业垄断导致的被动状态下，做什么就错什么。对国际规则不熟悉、产业垄断危害、对谈判对手的了解都显得经验不足。前面曾经介绍过，中铝入股力拓最终被人家给耍了，这其中最根本的原因就是力拓不想改变垄断地位，一定要胁迫中国企业。这些巨头可以容纳日本大量入股，但对中国企业就万分谨慎。

2011年8月，中钢协宣布将建立自己中国矿石价格指数，还被国内很多业内人士赋予“争夺价格话语权”和“打破铁矿石指数泡沫”重要使命。但这是很天真的想法。因为所谓价格指数，更像是游戏在制定规则。当这个游戏大家都认可的时候，谁都会遵循这个游戏规则来玩。可是当全世界都把“中国离不开进口矿石”当做游戏中心的时候，我们非要说：不许这么玩，必须按照我们的游戏规则玩。这个时候谁会听你的？谁会认可你的指数？所以这根本就不是游戏规则制定问题，而是到底谁才是庄家的问题。谁坐庄，谁才有机会制定规则，大家都会跟着庄家走。但是当我们处于弱势地位，连拥有话语权机会都没有的时候，又何来什么“提高话语权”？所以最终这个中国矿石价格指数，也只不过是一个摆设而已。另外我国对于海外矿石企业合作，也是停留在绝不影响“国际定价”基础上，并且在生产、出口、价格制定等方面受到了严格的限制，只是相当于一个加工企业。对国际价格制定没有一点作用。这也是近年来海外合作的一个问题之一。

2011年7月，汉龙15亿美元购非洲铁矿，这标志着我国终于有机会逃离三大巨头垄断“魔爪”。不过非洲合作建厂，除了要建立大量基础建设设施作为条件付出高昂成本以外，还要面临着很多当地对于矿产保护方面的政策威胁，所以不确定因素很多。骨头不好啃，但总比坐以待毙强。所以对于这样的投资，国内企业还是不遗余力。

不过，非洲向来重视矿产资源。深受殖民统治多年的他们知道矿产对于一个国家的重要性。他们会利用这些资源作为筹码，换来本土居民好生活以及不劳而获的基础建设。这些成本还是累积到我们企业身上……

从近年历史可以看到，由于对上游产业曾经的未予重视，导致现在付出了沉重代价。对于国际游戏规则不熟悉，也让我们被玩得团团转。从整体行业来看，行业过多发展让国际巨头们找到了压榨利润希望。单纯思维和不了解对手也导致了我们很多决策失误。对于未来，或许还要付出更多成本来应对国际变局，资源垄断让我们真正了解到了一个产业想要发展则必须要靠整体思维、未雨绸缪的策略以及知己知彼的信息收集，否则要付出的代价只有自己才能体会。

第五节　“饭”做多了的稀土资源

有关于稀土资源的价格问题，是近几年才引起重视的。稀土有着广泛用途，在军事、冶金工业、石油化工、玻璃陶瓷、照明、纺织甚至农业等诸多方面，可以说几乎是现代工业不可缺少的重要原材料之一。尤其是现代化高精尖武器的制造，稀土可以说是关键性的制造材料。

“中东有石油，中国有稀土。”这是邓小平曾经说过的一句名言。这句名言并不仅仅是因为我国稀土资源储量占世界第一。更重要的是，我们可以依靠这个世界第一的资源巩固战略地位掌握定价权，因为世界上95%以上稀土都是由中国供应的，且我国出口占到总量六成以上。然而，这项原本价格可以被我们牢牢抓在手里的资源产业，却并没有如愿卖出其本该有的价值，这其中原因是多方面的。

从20世纪80年代中期开始，国内稀土开始扩大出口，并接替美国成为稀土出口国，也就是从这时开始，国内稀土出口与日俱增。从1990年到2005年以后，国内稀土出口量增长了十倍以上，有数据可作比较。1980年世界稀土产量为2.6万吨，2008年世界稀土产量达到12.4万吨以上，而我国产量已经是12万吨。

也就是说，几乎世界所有国家稀土需求都由中国来解决。就是在这种高度集中生产并出口状态下，我国稀土价格却卖得非常便宜。这里面有相当多原因。其中最主要是以下几点：第一，从改革开放之后稀土产业发展迅速，但相关法律规范并没跟上，相关部门也没能真正把稀土工业规范化并作为战略竞争平台来重视。第二，是没有统一规划各地方盲目上马。因其本身不需要多大技术门槛，从而导致各企业源源不断进入此领域。造成各地企业间恶性竞争，并造成价格不断被压低出口。由于企业多产量难以控制，竟也造成了产能过剩现象。2009年我国产量再次上升，并达到了15

万吨。但是世界需求也就是10万吨左右，严重供大于求就造成了原本稀土价值没有得到体现，甚至卖出了白菜价。相比1990年，2005年稀土价格竟然便宜了55%以上。第三，就是技术相对落后，有些地方为了眼前的经济利益，并没有最大限度利用稀土资源，因为成本相对要控制，所以在生产中因为技术不足也没有相关规范与监督，造成了大量浪费和环境污染。同时也制约了企业真正经济化生产所能带来的长远收益。现代化发展越迅速，开采价格竟然越来越低，这种与市场原则相悖的事情就这么实实在在发生了。但稀土产业问题远远不是被贱卖这么简单。

从世界格局上来看，稀土是工业必需的资源。而目前全世界主要发达国家都在积极进口由中国生产的稀土。各国情况也各自不同，我们来举几个例子。比如日本，日本本身属于矿产贫乏的国家，所以像其他矿产资源一样，日本也是需要大量进口稀土来用作产业发展必需材料。但是，作为日本却并非仅仅按照实际需求进口，而是大量进行战略储备。其目的就是为将来做打算。日本从1993年起开始建立稀有金属储备制度和基地。据估计，目前日本稀土存量已经足够该国使用数十年。一旦将来资源枯竭或者减少，那么这些贱价买来的稀土资源就可以成为非常强有力的战略资源，不管是在经济上还是在其他方面，都可以占据主动。

美国每年也大量进口稀土作为战略储备，但与日本不同的是，美国拥有着非常丰富的稀土资源。为什么美国自己不开发而要进口呢？最主要原因是稀土生产本身会造成环境污染，而由于美国本身经济以及政治体制，使得国内反对开采声音很强，加上人工成本相对比较高，所以自己开采欲望不高。而从中国进口稀土价格竟比在本土开采成本还要低，既然这样为什么要自己开采呢？这也就是为什么在1986年以后美国产量突然由中国代替的原因了。

其他类似俄罗斯、澳大利亚等国也是一样，价格低廉的中国稀土不但满足了现实需求，还能作为将来战略储备。又不会对自己国家造成类似环境污染的附加损害，何乐而不为呢？最重要的是，在这种低廉价格背后还要酝酿着长远规划，这个规划并不仅仅是怕资源枯竭之后自己国家没可用的稀土矿，而是中国稀土矿采尽后做奇货可居之用。到那时世界都有稀土，而我们则成为稀土进口国，这是绝对可能发生的事情。

商务部曾宣布，我国稀土仅够开采15－20年。因此，在2006年之后我国在稀土出口方面开始有所限制。但2009年稀土产量还是上去了，产量依然没有控制住，原因是企业通过各种途径出口，除了个别企业采用非法偷渡的方式，还有的通过政策空子规避“曲线救国”出口。比如在内蒙古由外资初加工规避配额限制，即使大量出口也不会受到限制。

到了2010年我国宣布减少七成以上产量，并开始有意识建立战略储备库，这说明我国政府已经开始越来越重视稀土资源保护，在这方面确实值得肯定。从实际效果来看，稀土限制出口确实对于稀土国际价格产生了波动并大幅上涨。加上一些大型企业并购整合，也稳定了价格。例如2010年，包钢稀土集团初步完成了对内蒙古稀土企业的整合，同时实现了对本地区稀土产品专营，在一定程度上稳定了北方轻稀土原料市场价格并遏制了恶性竞争。这相对来说是一个好的发展方向。

不过需要注意的是，稀土与传统的能源和铁矿石等其他矿产不同，在工业运行中只需要少量添加，因此想要长久掌握定价权并不容易。因为世界各国并不是因为本国没有稀土而进口，虽然相对我国储量来讲，各国储量所占比例不会太高，但一旦我们想要靠控制稀土出口来遏制各国，则并不容易。而目前状况，是日韩等稀土储量极低又不断扩充战略储备的国家在大量进口。数据显示，2010年在我国稀土冶炼分离产品出口总量减少的情况，出口日本的产品数量未降反增，几乎占据了总量的一半。

另外，据权威媒体报道，到2010年日本稀土储量已经足够用50年。目前市场虽然价格大涨，但是一旦其他一些资源丰富国家开始开采生产，势必会对稀土价格产生影响。不过不管怎样，由于我们采取了措施，确实缓解了稀土继续降价出口的问题。

从稀土争夺战中我们可以看到，资源本身并不是因为其自然稀缺性造成价格涨跌。资源贱卖往往是伴随着产品生产结构不合理，最直接就是产能过剩，虽然不至于全球垄断，但原本应该具有战略优势的稀土产业，仅仅因为产能过剩以及企业配置不合理，政策规范没到位，就造成了如此重要的资源被贱卖那么多年。

而2011年，上半年稀土出口价格就增长了近十倍。除了有投机因素之外，也是一种国家对战略资源重视所采取措施短期回报的体现。不过真正实际效果往往要看长期的运作。长期会不会继续增长？是不是能够建立一个强大整体运作平台，真正聚合产业链条？这些都是考验我国稀土产业发展的重要条件。如果真能够做好，并控制不出现产能过剩，那么即使国际有什么大的动静，也不会对整个产业造成破坏，也不会再出现类似贱卖的事情了。总而言之一句话，产业发展是否有前途，并不是在资源占有率，而是在如何调整供需！

第六节　产能过剩与资源危机是对小冤家

前面几节举了几个典型事例进行分析。当中可以发现很多问题。尤其在产能过剩同时，往往伴随着一些不可预料的高成本。而实际上这样的例子不胜枚举。产能过剩和资源、原料成本上升也有着密不可分的关系。

2010年，国务院关于进一步加强淘汰落后产能工作通知中，曾经针对产能过剩行业进行调整以及监管。而其中最为突出的就是包括钢铁、新能源、电解铝、水泥、铁合金、焦炭、铜冶炼、汽车、纺织、电力、煤炭等产能过剩产业。从这些行业我们可以看到，这些企业赢利能力在逐步下降，市场需求逐步开始滑落。

原因是一方面生产能力不断扩张，但是相对由于市场需求没跟随产能一起扩张，所以企业竞争状态趋于靠低价竞争，价格就提不上去。但是另一方面呢？企业要生产就需要大量原材料，“僧多粥少”的现象造就原材料价格不断上涨，甚至出现囤积居奇的现象。

从铁矿石开始，国际几家大的垄断巨头就是完全针对中国市场的。国内钢铁市场等相关行业上马企业过多，在这种无序竞争状态下价格被市场压得很低，同时由于这种供需失衡的状态加上企业对原材料需求，让其他国家的企业钻了空子。一方面产品过剩，价格挤压让企业生存陷入困局，另一方面由于国外垄断原材料矿石进而捂盘惜售，并令原本供应充足的矿石变得十分“值钱”，并把一些纯度非常低的矿石卖给我们。这就是产业供求不合理的结构造成的。

造成这种局面的原因往往是因为企业一般都是由地方支持的，也就是说原本正常市场优胜劣汰途径被封死，或靠继续融资或继续借贷支撑企业生存。长此以往就造成了整个行业产能过剩问题不断扩大。而产能过剩又制造着新危机。因此原材料更加紧张，原料价格继续上涨，产品继续积压，最终往往尾大不掉。相对核心竞争力强的产品并没有大量制造，造成了低端生产企业大量存在并积弊丛生，高端生产企业却寥寥无几无法满足市场需求。这种低端过剩、高端不足的产业扭曲发展现象不断抬高着经济运行的成本。

其他产业如纺织服装行业也是如此，虽然纺织业主流基本都是些民营企业，它们情况与钢铁行业不同的是，一般没有什么可融资背景，但这种对外加工运行模式过多、过于单一也是其中很大的问题。长时间依赖对外加工同类企业不断扩容，让企业产能过剩问题越发严重。

2007 年中国纺织业中心绍兴公布了一项调查数字，纺织产能过剩 25%，印染产能过剩 30%，服装产能过剩 35%。这时候已经出现了危机的苗头。在 2008 年国际金融危机导致行业受到了较大冲击，供需失衡的问题就更加严重。供需失衡往往伴随着产能过剩加大，产能过剩，加上外销产品积压和回冲，让企业的日子更加难过。相对市场又很残酷，当大量产能过剩出现的同时，原材料价格往往会借机蹿升。

大量产能意味着大量需求，但棉花供给量无法跟上企业生产，因此从原料供应商也好，还是投机资金也罢，往往就会更加囤货炒高价格再卖。于是一方面市场原料紧张导致成本上涨，另一方面生产出的产品又囤积在库里出不去，行业危机往往就会出现。

汽车产业也类似，大量企业上马让低价竞争模式出现。但是相对原材料需求增大，让汽车企业对特殊钢等原料需求大增。当国际市场看到这种需求增加往往也会趁机抬高相关材料价格。最终挤压企业利润，而最典型的就是新能源产业。这个原本是被誉为“朝阳产业”、“新的经济增长点”、“经济发展的未来和希望”的产业也面临着产能过剩和低价竞争。也就是说不管什么产业，都是市场决定价格。但是值得思考的是，这种所谓市场定价并不一定完全是供需决定，但一定会因某产业违背市场规律引发。

例如，产能过剩本身是由于大量企业盲目跟风上马，但是同样在大量企业跟进之后必然是对大量原料需求。原料需求又刺激着市场的敏感神经。也就是说市场本身是由实体供需与投机炒作共同完成的。当企业这种原料需求信号发出以后，必然造成实体供给捂盘惜售，虚拟资金进入炒高。这些暗流无国界，只要出现了苗头，就会出现这种现象。整个实体供给由大集团控制垄断的时候，捂盘惜售及抬高价格的频率就会加强。对企业来讲毫无疑问进入了利润挤压的恶性循环。

最可怕的是这种现象并不只是出现在中间环节，当我们在产业链上端掌控优势资源，并有机会“坐庄”的时候，依然出现原料低价被买走的情况。唯一不同的是，因为原料本身采掘成本很低，所以就算不断压低价格贱卖，也不会让企业蒙受太多损失，但是却给整个国家产业未来经济发展带来了巨大隐患。

当大量矿产资源被贱卖的时候，国外企业却几乎全部停止采掘本国矿产，大量储备我国的资源。其目的很明确，就是低价储备，等将来资源地位产生变化以后可以得到更多利益。所以说，就目前世界经济格局来看，想要在经济上占到优势，产能控制与产业优化往往和资源供给成本控制有着非常大的关系。企业产能越过剩，往往资源成本付出越高。相应的，如果资源产能过剩，价格也就无法还原它原本的价值体现。

但是，产能过剩问题解决存在着误区，也就是依靠大企业所谓整合来解决。这方面的思潮主要认为大企业掌控避免了产业多元化发展，企业少了自然好控制。这其实是最大误区。因为从以前经验来看，往往是一些拥有政府背景国有企业在盲目扩大生产。由于有资金支持，政府信用在背后支撑，造就了企业违背市场规律扩大生产，反而加速了产能过剩出现。

当整个大企业集团出现，加上地方政府的背景，往往就会对宏观政策方面照顾期待有加，而当真的政策出来，并确实对库存消耗起到作用的时候，对政策的过于期待又加速生产步伐，新的产能过剩又出现。如此恶性循环一出现，所谓行业整合，也不过是给经济发展造成更大拖累。

所以想要解决产能过剩，必须先解决企业竞争结构不合理，并且在逐步发展核心竞争力产品的同时疏导市场平台。也就是让产能与需求逐步交由市场决定。而产能问题解决，价格就逐步平衡，原料供给紧张现象缓解之后，成本自然也就降下来了。从目前整个世界经济格局来看，真正资源危机是不存在的。有的只是资源垄断、囤积以及通过金融炒作出现的假性资源紧张。归根到底一句话，供需平衡决定着成本的高低！

尾　声

从前面十章内容中想必大家也基本了解了我国产业发展中存在哪些问题了。毫无疑问，我国的经济发展非常迅速，但是由于这些暗流存在，就等于是经济运行中的定时炸弹，不一定从哪一个方位就爆发出来。看似各个产业独立运行，但各种产业误区总是会在相同的时间段出现，这是非常值得注意的事情。

就以本书所举的案例来说，国有垄断企业与民营企业不公平待遇往往就会挤压民营企业生存空间。当我国民营企业出现了问题的时候，往往就会开始走向投机产业。投机产业盛行，方向有很多，股市、楼市、民生物资、民间借贷等等，这样，民生物资又会价格不断上涨，价格上涨又引发了企业恐慌行为，又会从各种途径包括国际市场高价进货，国际资本看准机会又会再赚一笔。

没有能力囤货的小企业为了维持自己的赢利，会选择降低成本，而原材料以及人工等又不断上涨。为了降低成本有的企业就铤而走险偷工减料或制造伪劣产品。这种产品大量上市形成的商业环境又会挤死一批诚信健康的小企业。当这种商业环境长时间运作之后，大型企业往往也开始放松质量，并降低运行成本，然后靠大批量制造来获取利润，虽然单一产品利润低，但是大批量生产销售往往也会获得一定的生存空间，可是这样就逐步造成了产能过剩现象。

国内一边产能过剩，一边进口原料又会被国际巨头要挟。生存环境逐渐恶劣，企业走出去的愿望就会增加，有的走出去是为了占领国际市场获得利润规避国内竞争，有的则出去是为了并购拥有资源、矿产、原料企业以避免被垄断威胁，可是由于经验不足又立刻吃大亏。

当我们串起来分析之后会发现，原来经济、产业发展并不是单一和独立的，它们之间是一种大一统具有严密系统性联系的。一个企业问题很可能代表着一个产业，一个产业发展往往就会与上下游产业链甚至是其他产业有着密不可分的关系。所以当我们去看待一个企业的发展存在问题的时候，并不应该只是针对企业本身去解决问题，而是应结合整个产业布局，确定企业在市场环境、产业布局中的位置。当整个产业大环境出现了问题的时候，不能单纯从企业角度来制定策略，而应从整个产业面临的问题出发，规避一些不正常竞争，根据实际情况修正未来策略。

看待经济和产业发展，也不能单纯把责任推给某些企业。比如民营企业问题，当说到民营企业生存困难的时候，往往就会有人大加挞伐，说民营企业尤其是江浙一带的企业是一颗老鼠屎臭了满锅肉。这一看法本身就是片面的。因为这些企业的领头人往往是改革开放之后第一批行动起来的人。他们用自己的聪明才智和辛苦劳作换取了人生的“第一桶金”。可当财富确立之后如何能够保值甚至换取更大回报呢？自然是哪里有赚钱机会就去哪里。煤矿赚钱时候投资煤矿，煤矿限制了就投资房地产、股市、大宗商品、民生物资等等。所以当老百姓看到物价涨、房价涨、啥都涨就是收入不涨时容易把愤怒发泄到这些江浙资本身上。可是资本逐利性并不分国有还是民有。当资本逐利效应发挥出来以后，很多国有资本也加入到了炒地、炒物资行列当中。

2009 年后一个个地王基本都是国资背景企业的手笔，到最后发现，你无法埋怨，因为这些资本就是哪里利润大往哪里钻。你无法区分它们到底是哪一部分的资金。但有一点可以肯定，就是实体经济恶化，投机产业盛行必然导致贫富分化严重。因为有钱人可以利用手里的钱再去投机赚取利润而不需要担心通胀后果。但是普通百姓的钱却实实在在一点一点贬值了。实体经济因为房地产、人工、原材料、税负、汇率等内外因素不断遭受到打压的后果就是各个产业都慢慢出现了危机。而这些原本都是各个环节中某一些小问题逐步演化出来的，但最终都指向一个方位，那就是整个大的经济环境出现了问题。

所以，要想真正解决经济问题，就必须先了解各个产业所面临的问题以及它们之间的联系，而想要了解产业问题就必须从实际出发，以企业运作作为案例来研究。所以不管是小到企业运作、商业投资，大到宏观经济调控和调整，通过本书分析和理解，相信都会有所帮助。在未来，我们还将面临着更多的挑战和机遇，这些挑战和机遇对经济、对企业、对个人都是相同的。所以谁能够洞察先机并作好防范和分析，谁就能够在经济浪潮中占据主动。而大的经济环境改善及良好循环产业系统的建立，是靠每个企业每个人去努力的。

最后说一句：经济强盛不是靠单一的人才，而是靠一个完善的运行系统！

图书在版编目(CIP)数据

看得懂的经济内幕：中国十年经济热点大反思／辛华豪著. --北京：中国社会出版社，2012.4

ISBN 978-7-5087-3971-7

Ⅰ.①看… Ⅱ.①辛… Ⅲ.①中国经济—研究 Ⅳ.①F12

中国版本图书馆 CIP 数据核字（2012）第 049329 号

书　　名：看得懂的经济内幕——中国十年经济热点大反思
著　　者：辛华豪
责任编辑：杜　康　王晓翔

出版发行：中国社会出版社　　邮政编码：100032
通联方法：北京市西城区二龙路甲 33 号
　　　　　电话：编辑部：（010）66061723
　　　　　　　　邮购部：（010）66081078
　　　　　　　　销售部：（010）66080300　（010）66085300
　　　　　　　　　　　　（010）66083600
　　　　　　　　传　真：（010）66051713　（010）66080880
网　　址：www.shcbs.com.cn
经　　销：各地新华书店

印刷装订：北京市优美印刷有限责任公司
开　　本：170mm×240mm　1/16
印　　张：14.5
字　　数：210 千字
版　　次：2012 年 4 月第 1 版
印　　次：2012 年11月第 2 次印刷
定　　价：29.00 元